经典名著里的

趣味阅读课

布谷童书 编

星筠兔 绘

世说新语 里的秘密

名士风度

延边教育出版社

YANBIAN EDUCATION PUBLISHING HOUSE

编　　著：布谷童书

本册主编：沈慧红

绘　　者：星笃兔

责任编辑：于鸿梅

图书在版编目（ＣＩＰ）数据

世说新语里的秘密. 名士风度 / 布谷童书编；星笃

兔绘. -- 延吉：延边教育出版社，2024.5

　（藏在经典名著里的趣味阅读课）

　ISBN 978-7-5724-3643-7

　Ⅰ.①世… Ⅱ.①布… ②星… Ⅲ.①阅读课—中小

学—教学参考资料 Ⅳ.①G634.333

　中国国家版本馆CIP数据核字(2023)第237860号

世说新语里的秘密·名士风度

出版发行：延边教育出版社

地　　址：吉林省延吉市长白山东路98号（133000）

　　　　　北京市海淀区苏州街18号院长远天地4号楼A1座1003（100080）

电　　话：0433-2913940　010-82608550　　网　　址：https://www.ybep.com.cn/

传　　真：0433-2913971　010-82608856　　客　　服：QQ1697636346

印　　刷：天津中印联印务有限公司　　　　　开　　本：710毫米×1000毫米　1/16

印　　张：7.25　　　　　　　　　　　　　　字　　数：97千字

版　　次：2024年5月第1版　　　　　　　　 印　　次：2024年5月第1次印刷

书　　号：ISBN 978-7-5724-3643-7　　　　　定　　价：36.00元

如印装质量有问题，本社负责调换

　　《世说新语》是南朝宋临川王刘义庆（公元403年—公元444年）组织编撰的一部文言志人小说集，主要记录了自西汉至东晋时期众多名士的言行与逸事，特别是魏晋时期的风云人物。书中人物均为历史上真实存在的人物，但他们的不少言论或故事是传闻，未必完全符合史实。

　　全书按照故事内容分为德行、言语、政事、文学、方正、雅量等三十六门，共收录了一千一百三十则故事。这些故事的篇幅都不大，短的只有言简意赅的一句话，长的也不过几十字到一二百字，但读起来妙趣横生，令人回味无穷。

　　《世说新语》凭借简单而有趣的故事、典雅而不失通俗的语言，以及悠远深长的意蕴等优势，成为中小学文言文教学的典范之作。书中巧妙运用生动形象的比喻、拟人等修辞手法，将抽象的概念具象化，使人物形象栩栩如生，把场景描绘得令人如临其境。比如，赞美卫玠为玉人，形容嵇康像遗世而独立的孤松……这些描写传神地展现了魏晋时代的社会风貌和人物特征。

众多脍炙人口的成语和典故出自《世说新语》，如"管中窥豹""鹤立鸡群""身无长物""拾人牙慧"等。这些成语常被文学家们巧妙地运用在文章中，增强了作品的表现力和感染力。它们深刻影响了后世文学的创作风格和审美观念，成为中华文化宝库的瑰宝。

　　阅读《世说新语》，一个充满个性与魅力的世界跃然纸上。这里有豪情万丈的嬉笑怒骂，有洒脱不羁的自由旷达，也有对人生无奈与迷茫的深沉哀叹。为了让这部传奇之作更贴近现代读者，我们从原著中精选出部分故事，并进行了合理的改编。这些故事被汇编成《名士风度》《智慧交锋》《风流人物》《千人千面》四册，每册内容围绕几个具有代表性的主题展开。

　　在《名士风度》里，我们得以领略殷仲堪的高尚品德，面对水灾的严峻考验，他节俭至极，甚至一粒米都舍不得浪费；我们能深切感受到荀巨伯的义气，即使面对凶悍的敌军，他仍选择坚守朋友身旁，舍生忘死，不离不弃；我们敬佩谢安的宠辱不惊，无论是身处险境还是荣耀加身，他都保持从容不迫……

走进《智慧交锋》，我们看到为捍卫父亲尊严而与父亲好友据理力争的陈元方；看到面对他人的讥讽与挖苦，仍坚守"英雄不问出处"的蔡洪；看到在众人溜须拍马之际，依然坚守本心的王述……

《风流人物》则为我们展现了另一番风采：阮籍长歌当哭，我们从中感受到他自由不羁的灵魂；王徽之乘兴而行，兴尽而归，其潇洒恣肆之态令人赞叹；而谢道韫、司马绍等人的早慧更是令人惊叹……

鉴于人物性格的复杂性，我们特地汇编了《千人千面》一册。在这本书中，我们看到王戎自由不羁的另一面——吝啬；看到原本严谨持正的周颐在仕途的打击下变得放浪形骸；看到为炫耀财富而极度铺张浪费的石崇、王恺等。这些多面的人物形象，使得整套书更加丰富立体，引人深思。

作为中国古代文言小说的杰出代表，《世说新语》具有很高的文学价值与历史价值。通过这次改编，我们旨在为读者呈现一个更为亲近、易于理解的版本，让更多人领略这部作品的魅力，感受魏晋士人的智慧与风采。

目录

第一章　仁德博爱

捡米粒吃的"地区长官"　002

与鼠共处的彭季　007

"朝乍夕改"的郡守　011

枭雄也有温情　014

第二章　信义昭彰

不战而屈人之兵　024

害人之心不可有　027

仗义乐施的阮裕　031

身无长物的王恭　035

第三章 上善若水

救人救到底 044

勿以善小而不为 049

黎心吐哺 053

人之初，性本善 058

第四章 刚正不阿

宗世林威武不能屈 066

和峤不"同流合污" 071

不是所有人都可以被原谅 076

陆凯虎口拔须 080

第五章 能藏能敛

顾雍表子不流泪 088

东床快婿王羲之 093

遇火不慌的王子敬 102

"弄潮儿"谢太傅 096

第一章

仁德博爱

导读

魏晋名士是一群怎样的人？

魏晋名士是中国魏晋时期的一批具有特殊社会地位和独特价值观的人。他们大多出身于世家大族，拥有显赫的家世和丰厚的财富，受过上等教育，精通琴棋书画、诗词歌赋。

这些魏晋名士通常个性鲜明，有的豪放不羁，有的清高自傲，还有的淡泊名利。他们有着自己的信仰和追求，对待生活和人际交往都有着自己独特的态度和方式。同时，他们也是政治和文化精英，对当时的政治局势和文化发展产生了重要影响。

总的来说，魏晋名士是一群有文化、有才华、有个性的人。他们所处的时代背景和社会环境，造就了他们这样的独特性格和行为方式，也为后世的文学、艺术和文化留下了丰富的遗产。

捡米粒吃的"地区长官"

本期主人公

姓　　名	殷仲堪
所处时代	东晋
生卒年	？—公元 399 年
主要成就	治理州郡、清谈名士

殷仲堪年轻时就以才华横溢著称，他常说："如果我三天不读《道德经》，就会觉得舌根僵硬。"因为殷仲堪饱读诗书，气质自然高雅，当时的文人雅士都喜欢与他交往。

殷仲堪是一个非常节俭和朴素的人，从不铺张浪费。在他担任荆州刺史期间，有一年荆州发生了水灾，百姓生活很困苦。作为地方长官，他以身作则，吃得非常简单，只有素菜，没有鱼肉之类的荤菜，甚至饭粒掉到了地上，他都会立即捡起来吃掉，一点儿也不浪费。

《道德经》

春秋时期老子所著的哲学作品，又称《德道经》《道德真经》《老子》《五千言》《老子五千文》，是中国古代先秦诸子分家前的一部著作，是道家哲学思想的重要来源。道德经分上下两篇，原文上篇为《德经》，下篇为《道经》。

弟子们看到殷仲堪这么节俭，就劝他说："老师，您这样不太好吧，别人会笑话您的。"殷仲堪听了，笑了笑，语重心长地说："你们怎么会这样认为呢？不要以为我现在担任一州长官，就会抛弃以前的志向。虽然我

现在的身份地位变了，但我的生活态度不会变。作为一个读书人，保持穷苦时的俭约是我的本分，怎么能因为地位高了就开始铺张浪费呢？这个道理，你们也要记住啊！"

殷仲堪既为荆州，值水俭，食常五碗盘，外无余肴。饭粒脱落盘席间，辄拾以啖①之。虽欲率物，亦缘其性真素②。每语子弟云："勿以我受任方州，云我豁平昔时意，今吾处之不易。贫者士之常，焉得登枝而捐其本！尔曹其存之！"

《世说新语·德行1-40》

[注释]

①啖（dàn）：吃。 ②真素：自然坦率，不做作。

殷仲堪还是一个非常注重仁德的人，他在担任东晋名将谢玄的长史（相当于现在的秘书长或幕僚长）时，曾建议谢玄对待百姓要多用安抚手段，少用武力，以赢得民心。谢玄采纳了他的建议，结果取得了很好的效果。

刺史这一官职在所在州郡的权力是最大的，差不多等于现在的省长或直辖市的市长。处在这个位置，经常会遇到人命官司，还可能会陷入官场**尔虞我诈**的漩涡。

王珣是东晋开国元勋、宰相王导的孙子，他有意为难做荆州刺史的殷仲堪，讽刺道："具有完美的品格称为'德行'，不伤害人称为'仁爱'。但现在你要去治理荆州重镇，经常要用到刑罚，有时候还要杀人。这样还能保持仁德吗？这恐怕和你主张的操守不太一样吧？"

殷仲堪仔细想了想，回答说："我觉得你的说法欠妥。帝舜时的法官皋陶制定了刑法，用来惩罚罪人，你能说他不贤德吗？孔子曾担任**司寇**的职务，剥夺罪犯人身自由，你能说他不仁爱吗？"王珣听完无言以对。

尔虞我诈

比喻彼此猜疑，互相欺骗。

司寇

中国古代主管刑狱的官名。

你能说皋陶和孔子不贤德、不仁爱吗？

皋陶

孔子

这……

　　殷仲堪当之^①荆州，王东亭问曰："德以居全^②为称，仁以不害物为名。方今宰牧^③华夏，处杀戮之职，与本操将不乖乎？"殷答曰："皋陶造刑辟之制，不为不贤；孔丘居司寇之任，未为不仁。"

《世说新语·政事 3-26》

[注释]

①之：往，到。　②居全：指具有完美的人格。　③宰牧：治理。

　　荆州是桓氏父子的势力范围，桓玄在这里就是说一不二的"土皇帝"。而且桓玄行事也是毫不收敛，经常向殷仲堪挑衅，处处刁难他，最后竟把殷仲堪活活逼死。

　　殷仲堪死后，桓玄问他的弟弟殷仲文："你认为你哥仲堪究竟是个怎么样的人呢？"殷仲文想了想，说："他虽然说不上一辈子都德行光明，但我认为死后也足以光照九泉。"

　　殷仲堪丧后，桓玄问仲文："卿家仲堪，定是何似人？"仲文曰："虽不能休明一世，足以映彻九泉。"

《世说新语·赏誉 8-156》

　　皋陶因为正直而闻名天下，所以他奉命去制定法律制度，被后人尊为"中国司法鼻祖"，但并不能因为他制定惩罚法则就被认为不贤；孔子担任司寇一职，有时会依法诛杀罪人，也未被认为不仁义。通过这两个例子，殷仲堪提出了他的观点：仁德与法律并不冲突，关键在于官员如何妥善处理两者之间的关系。

与鼠共处的皇帝

姓　　名	司马昱（yù），字道万
别　　称	晋简文帝
所处时代	东晋
生 卒 年	公元 320 年—公元 372 年
主要成就	提拔谢安等人，制衡桓温，挽救晋室

　　晋简文帝司马昱是东晋第八位皇帝。虽然他在位仅有短短八个月时间，而且期间一直受到权臣桓温的牵制，但他绝对是一位好皇帝。他爱惜人才，做事以仁德为先，一直想着为老百姓做点儿好事。

　　在他成为皇帝之前，担任抚军将军的时候，有一个不为人知的奇怪习惯——不喜欢干净。他的坐榻从不让人打扫，上面积满了灰尘，甚至有老鼠在上面跑来跑去。但他并不厌恶，反而很开心。

　　家里的仆人们经常私下议论，并有人猜测："主人是不是在坐榻下藏了什么秘密或宝藏？为什么一直不让我们靠近呢？"也有人不满地说："老爷真是太邋遢了，坐榻都这么脏了，还不让人清理。"大家议论纷纷，但始终没有得出确切的答案，司马昱的坐榻还是一如既往的脏乱。

　　有一天，一位参军来到司马昱的营帐汇报工作，说话间，一只老鼠在坐榻之上嗖地窜过，**参军**

参军

大将军的部下之一，负责协助大将军处理军事事务和制定作战计划。参军通常由大将军任命。

急忙拿起手板，一击而中，将老鼠拍死了。他得意扬扬地看着司马昱，期待得到几句赞赏。哪知道，司马昱的反应却出乎他的预料。

只见司马昱看到老鼠被拍死后，脸色顿时一沉，冷冷地盯着参军，副将则是一脸茫然。

司马昱身边有一个善于察言观色的下属，经过长时间的观察，终于了解到司马昱不让别人打扫坐榻的缘由：司马昱喜欢看这些老鼠在榻上跑来跑去。

现在，将军的宠物竟然被这鲁莽的参军打死了，这怎么得了？这个了解司马昱癖好的下属赶忙走上前来对司马昱说："大人，这人实在太可恶了，在大人面前动武，您一定要重重责罚他。"

司马昱虽然很生气，但他很快冷静下来。他摇摇头，对下属说："不，我不能这么做，老鼠被打死尚且不能令人忘怀，现在又因为老鼠的事而伤

害别人，岂不是更不应该吗？这不是仁德之人该有的行为。"

下属马屁没有拍成，反而被上了一课，红着脸退下了。

晋简文为抚军时，所坐床①上尘不听②拂，见鼠行迹，视以为佳。有参军见鼠白日行，以手板批③杀之，抚军意色不说④。门下起弹⑤，教曰："鼠被害尚不能忘怀，今复以鼠损人，无乃不可乎？"

《世说新语·德行1-37》

[注释]

①床：古时坐、卧工具，这里指坐具。　②不听：不许，不让。

③批：击打。　④说：通"悦"，高兴。　⑤弹：弹劾。

　　晋简文帝司马昱是一个非常有胸怀的领导者。他并不因为自己的个人爱好被破坏而轻易发怒，也不轻易惩罚下属。他的这种胸怀和宽厚仁爱之心，是很值得称赞的。

"朝令夕改"的郡守

本期主人公

姓　名	王承，字安期
所处时代	晋朝
生卒年	公元 273 年－公元 318 年
主要成就	东晋初年第一名士

王安期出身于太原王氏，从小博学多才；长大后他清心寡欲，特别喜欢清谈；入仕后，他为官清简、宽容，处理事情非常灵活，所以被后世誉为"东晋初年第一名士"。

有一年，王安期被派去担任东海郡太守。当时中原地区长年战乱，百姓流离失所，社会治安极度混乱。东海地区尤甚，夜晚常有盗匪出没，街上的商铺早早关门，老百姓也夜不出户，生怕被坏人趁乱打劫。

王安期到任后，他开始着手调查社会问题，整顿社会秩序，并加强法纪。为了防止夜间有盗贼作乱，他下令实施"宵禁"，要求在夜间城门关闭，禁止城外的人进入城内，城内的人也不得随意出城。对于违反"宵禁"的人，一旦被抓到，将会受到严厉的惩罚。此外，王安期还下令差役加强夜间巡逻，以抓捕夜晚出没的盗匪。

某天晚上，王安期正在府内读书，突然听到外面一片嘈杂声。他出门

朝令夕改

早晨发布的政令，晚上又改变了。形容政令、办法等多变，使人无所适从。原为贬义词，这里贬义词褒用。

011

一看才知道，原来是外出巡逻的差役抓回了一个夜行的人。

王安期仔细一瞧，被抓的是一个书生打扮的年轻人。他双手被捆在背后，眉清目秀，看起来十分文弱。显然是受到了惊吓，他脸色苍白，浑身颤抖。

王安期看他并不像**作奸犯科**之人，于是轻声问道："你是从哪里回来的？"那书生抬头看了王安期一眼，又迅速低下头，胆怯地回答："我从老师那里听完课回来。因为老师讲得太精彩了，我听得入了迷，不知不觉中错过了时间，等出来才发现天已经黑了。我正走在回家的路上，就被巡逻的差役抓住了。"

作奸犯科

为非作歹，触犯法令。

旁边准备行刑的差役问："大人，这个人应该打多少鞭？"王安期沉思片刻，对差役说："这次就不对他进行处罚了，放他回家吧。"差役们面露困惑，问道："大人，之前抓来的人都要鞭打，为什么这次要例外呢？"

把他放了吧。

　　王安期转过身向差役们解释道："我们设立宵禁是为了震慑盗贼，维护百姓的安宁。如果想要通过鞭打一个因好学而晚归的书生来树立威信，恐怕不能达到治理的根本目的啊！"

　　随后王安期亲自为书生松绑，并命令差役将他安全送回家。

　　王安期作东海郡。吏录①一犯夜②人来，王问："何处来？"云："从师家受书还，不觉日晚。"王曰："鞭挞宁（níng）越以立威名，恐非致理之本。"使吏送令归家。

《世说新语·政事3-10》

[注释]

①录：逮捕。　②犯夜：触犯夜行禁令。

点评与思考

　　王安期设立了宵禁令，要求夜晚不得随意行动，这是为了防止坏人作案。但对于书生因为学习而晚归的情况，他则采取了不同的处理方式，没有死守教条，而是根据实际情况灵活处理。王安期朝令夕改这个故事告诉我们，处理事情不能一概而论，而要根据事实进行合理安排，具体问题具体分析。

枭雄也有温情

本期主人公

姓　　名	桓温，字元子
所处时代	魏晋南北朝
生 卒 年	公元 312 年—公元 373 年
主要成就	灭亡成汉，三次北伐，击溃姚襄

　　桓温在历史上是一位有名的枭雄，以强横和野心而著称。桓温年轻时喜欢结交名流，因此在社会上有一定的声望。后来，他成为晋明帝司马绍的女婿，官至丞相，权势显赫。

　　在战场上，桓温是一位令敌人闻风丧胆的将军；在政坛上，他是一个野心勃勃的臣子。

　　不过，桓温也有充满人情味儿的一面，他认为通过严酷的刑罚来整肃人们是可耻的，他坚信应该用恩德来感化老百姓。因此，当他担任荆州刺史时，一直以仁爱之心关怀百姓，以德服人。他的这种做法赢得了百姓的尊敬和爱戴。

　　有一次，一位**令史**犯了错，按照当时的律法应当接受**杖刑**。桓温的儿子桓式还是个小孩儿，好奇心很重，听说有人要受杖刑，便兴冲冲地跑去看热闹。

　　然而，当他赶到现场时，却发现了一个奇

令史

低级官吏，县令所属办事人员。

杖刑

隋唐以来五刑之一，是用荆条或大竹板拷打犯人的一种刑罚。

014

怪的现象：执行杖刑的人只是让木杖轻轻擦过令史身上的衣服，完全没有碰到他的身体。

桓式气愤地认为执行杖刑的人徇私舞弊，便赶紧跑到父亲面前告状："父亲，我刚才路过官署门口，看见一位令史正在接受杖刑。可是，您猜怎么着，只见那棍子被高高举起，高到几乎能碰到天上的云，但是它落下的时候却只轻轻擦过了地面。"

桓式的本意是想用夸张的方式讥讽这棍子根本没碰到人，并告诉父亲执行者违反了命令，希望父亲能够惩罚他。然而，桓温听了并没有发怒，反而松了一口气说："这样就太好了，我还担心打得太重了呢。"

> 桓公在荆州，全欲以德被①江、汉，耻以威刑肃物②，令史受杖，正从朱衣上过。桓式年少，从外来，云："向从阁下过，见令史受杖，上捎③云根，下拂地足。"意讥不著④。桓公云："我犹患其重。"
>
> 《世说新语·政事3-19》
>
> [注释]
>
> ①被：覆盖，遍及。　②肃物：惩治人。　③捎：轻轻擦过。
> ④不著（zhuó）：指没打着。

原来，这位令史平时表现还是不错的，这次犯的错也不大，桓温并不想重罚他，但流程还是得走。现在这样正合他心意。

桓温不仅对下属心怀仁慈，对小动物也心怀仁爱。

有一次，桓温率军伐蜀，部队经过三峡附近时，一名士兵抓到了一只幼猿，觉得十分新奇。他打算把小猿留在身边养着玩，于是便把它带上了军船。幼猿的母亲看到自己的孩子被抓走后，一路跟在军船后面奔跑，沿岸悲号。士兵看到母猿追赶，觉得很有趣，还频频举起幼猿向母猿示威。就这样，母猿追了一百多里路，始终不肯离去，叫声也变得越来越凄惨。

最后，军船靠岸，母猿一下子跳上了甲板。然而，刚一落地，它就倒在地上一动不动。士兵上前检查，发现母猿已经断气了。

桓温听到这件事后十分愤怒，立即下令罢免了那个抓幼猿的士兵的职务。

桓公入蜀，至三峡中，部伍中有得猿子者，其母缘岸哀号，行百余里不去，遂跳上船，至便即绝。破视其腹中，肠皆寸寸断。公闻之怒，命黜其人。

《世说新语·黜免28-2》

桓温是一位战功赫赫的将军,他在战场上勇猛无比,令人闻风丧胆。然而,在他威严的外表下,藏着一颗充满仁慈和悲悯的心。他并没有因为身居高位、常年征战而变得冷酷无情,反而更加珍视生命。他对待下属讲究仁义,管理军队纪律严明。有人可能会认为桓温对山野之猿的行为小题大做,但他所看重的,是那真挚动人的爱子之情;他所维护的,是即使对于禽兽也不忍戏侮、伤害的高尚之心。

你 知 道 吗?

桓温的恶作剧

有一次,桓温去拜访名士刘惔(dàn),发现他正躺在床上睡觉。这位威震一方的大人物竟然找来一把弹弓,拿了一些不太坚硬的物体作为弹丸,用弹弓射击刘惔的枕头。

与现在的枕头不同,古代的枕头是以竹编、裹麻、烧瓷为主,有身份的人通常使用瓷枕头。刘惔的瓷枕被桓温射出的弹丸击中后,弹丸立刻碎成碎屑,溅落在床上和被子上。

刘惔被这突如其来的声响惊醒,他看到自己身边一片狼藉,非常生气。而桓温则手拿弹弓,看着刘惔哈哈大笑。

刘惔生气地说:"使君怎么这样,难道打仗可以用这样的办法来求胜吗?"桓温不由得脸上露出恼恨的神色。

桓大司马诣刘尹，卧不起。桓弯弹弹刘枕，丸迸碎床褥间。刘作色而起曰："使君①，如馨②地，宁可斗战求胜？"桓甚有恨容。

《世说新语·方正5-44》

[注释]

①使君：对州郡长官的尊称。　②如馨：如此，这样。

古代常见的官衔

三公九卿： "三公"是中国古代朝廷中三个官职的合称，共同负责军政事务。周时以司徒、司马、司空为三公。秦、西汉以丞相（大司徒）、太尉（大司马）、御史大夫（大司空）为三公，组成中枢机构。丞相管行政、太尉管军事、御史大夫管监察和秘书工作。到东汉时，名称有所改变，指太尉、司徒、司马。

太守： 战国称郡守，汉改太守，为一郡的最高行政长官。秦分三十六郡，比县大。

刺史： 汉武帝分全国为十三州，刺史掌管一州军政大权。

吏部尚书： 掌管全国文武官吏考核赏罚。

中书令： 掌管皇帝命令发布。

车骑大将军： 地位尊崇，多加重臣。

知府： 地方行政长官，总管州、县事务。

知州： 地方行政长官。

知县： 地方行政长官。

通判： 府之副职。

琅琊王氏

魏晋时期的名士圈中，琅琊王氏的子弟无疑占据了重要的一席之地。琅琊王氏，这一中原最具代表性的名门望族长期生活于琅琊这一特定区域。该世族的奠基者为西汉时期的王吉。然而，早期的王氏在北方诸多世族中并不显得特别突出。

永嘉之乱后，北方陷入混乱，王导在江左积极支持皇室旁裔司马睿称帝于建邺（今江苏南京），成功实现了中兴。因此，王导被任命为东晋初年的宰相，而他的兄弟王敦则在外掌兵权，两人内外呼应，王氏家族的权势变得极其显赫，威震朝野。当时甚至流传着"王与马（指晋帝司马氏），共天下"的说法。后来王导去世后，他的葬礼也是按照皇帝的规格进行的，足见其地位的尊崇。

王氏家族在朝中的地位举足轻重，其地位、名望之高，在东晋之初是其他家族所无法企及的。直到后来，陈郡谢氏（谢安、谢玄为代表）的崛起，才出现了王、谢这两大世族并立的局面。

琅琊王氏的兴盛一直延续至南朝，唐末五代以后逐渐走向衰落。在长达七百年的时间里，琅琊王氏出现了许多代表人物，如王祥、王导、王羲之和王献之等，他们在政治、文化和艺术等领域都有着卓越的贡献和深远的影响。

阅读文言文，完成以下几题。

陈仲举言为士①则，行为世范。登车揽辔②，有澄清天下之志。为豫章太守，至，便问徐孺子③所在，欲先看之。主簿白："群情欲府君先入廨④。"陈曰："武王式商容之闾⑤，席不暇暖。吾之礼贤，有何不可！"

《世说新语·德行1-1》

【注释】

①士：读书人。②登车揽辔（pèi）：坐上车子，拿起缰绳。这里指走马上任。③徐孺子：当时的名士、隐士。④廨（xiè）：官署，衙门。⑤式商容之闾（lǘ）：在商容居住的里巷门外立标志来表彰他。商容是商纣时的大夫，当时被认为是贤人。

1. 请解释下列加点的词。

为豫章太守（　　　）　　　　席不暇暖（　　　）

2. 请用现代汉语翻译下面的句子。

陈仲举言为士则，行为世范。

_____

3. 文中陈仲举"行为世范"的具体表现是？（请用自己的话回答）

_____

4.从陈仲举的言行看出，他是一个怎样的人？请结合文本分析。

_____

参考答案

1.为：任职；暇：空闲

2.陈仲举的言论是读书人的准则，行为是世人的模范。

3.出任豫章太守时，一到任，不先进官衙，而是想先去拜访当地的贤人。

4.礼贤下士。

第二章

信义昭彰

导读

信义昭彰，指显著的信用与义气。信义之人会坚守道德、信仰和承诺，以诚实和正直为行事之本。

在魏晋时期，社会动荡不安，政治斗争激烈，人与人之间的信任关系变得异常脆弱。在此背景下，信义显得尤为重要，成为维系社会秩序、稳定人心的重要基石。

信义是人与人之间最基本的道德联系。有了信义，人们才能建立互信关系，从而维护社会的稳定与和谐。同时，信义也是维护国家统一和稳定的关键因素。最后，信义也是个人品德修养的核心体现，只有遵守信义原则的人，才能赢得他人的尊重和信任。

不战而屈人之兵

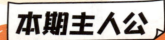
本期主人公

姓　　名	荀巨伯，字不详
所处时代	东汉
生 卒 年	不详

　　东汉时期，一个住在颍川郡的名叫荀巨伯的人，得知他的好友病重，忧心如焚。他急忙雇了一辆马车，踏上了前往好友家乡的路程。经过几天的颠簸，荀巨伯终于抵达好友的家乡。

　　可刚刚进城，荀巨伯就发现城里的气氛不对，大家慌慌张张，显得非常不安。荀巨伯一心担忧好友的病，他来不及多想，直接赶往好友的住处。

　　一进家门，荀巨伯就看到朋友躺在床上，满脸憔悴。他赶紧来到床边，轻声询问朋友的身体状况。可是，他们还没聊几句，突然外面变得吵吵嚷嚷的，把他们的谈话打断了。

　　朋友的家人赶紧出门打听，原来是**胡人**兵临城下，城里的老百姓都在四处逃奔，想找个安全的地方保命。

> **胡人**
>
> 中国古代对北方边地及西域各民族的称呼。

　　朋友知道外面的情况后，赶紧对荀巨伯说："这群胡人太残忍了，都是杀人不眨眼的恶魔。我的身体已经这样，也活不了多久了，你赶快出城吧！"

　　荀巨伯听后，很严肃地说："我辛辛苦苦大老远赶过来看你，凳子还没坐热呢，你就让我走。而且，现在胡人攻城，这种危急时刻我怎么可能扔下你一个人逃命呢？这种不仁不义的事，我荀巨伯是做不出来的！"说完，他继续坐在原处陪着朋友。

我不会走的！

这里不安全，你赶快离开吧！

　　很快，胡人攻进了城内。他们发现其他人家都是人去楼空，一片狼藉，只有这一家平静如常。胡人感到很奇怪，就推门进去，看到有个人很镇定地站在院子里。胡人问他："大军来了，全城的人都跑了，你是什么人？为什么不跑？"

　　荀巨伯不慌不忙地回答："我不是这家的主人，这家的主人是我的朋友，他生病了，我正好过来看望他。现在这种情况，我怎么能丢下他一个人自己跑呢？你们如果要杀人，就杀我吧，我愿意用我的命换取我朋友的命。"

　　胡人听了荀巨伯的话，**面面相觑**（qù），叹了口气说："唉，真是惭愧啊。我们这些不懂道义的人，却进入了一个讲道义的地方。"于是，他们就撤兵离开了。

面面相觑

你看我，我看你，不知道如何是好。形容人们因惊惧或无可奈何而互相看着，都默不出声。

这座城池竟然因为一个无名小辈的英勇行为而得以保全，真所谓"不战而屈人之兵"。

荀巨伯远看友人疾，值胡贼攻郡，友人语巨伯曰："吾今死矣，子可去。"巨伯曰："远来相视，子令吾去，败义以求生，岂荀巨伯所行邪？"贼既至，谓巨伯曰："大军至，一郡尽空，汝何男子，而敢独止？"巨伯曰："友人有疾，不忍委①之，宁以我身代友人命。"贼相谓曰："我辈无义之人，而入有义之国②。"遂班军而还，一郡并获全。

《世说新语·德行1-9》

[注释]

①委：抛弃。　②国：指地方。

点评与思考

荀巨伯跋山涉水，远道而来探望病重的朋友。面对入侵的胡人军队，他不畏强敌，没有逃跑退缩，毅然决然地陪着朋友。荀巨伯的仁义行为打动了胡人，使他们决定撤兵。他不仅救了朋友，也保护了一座城池的百姓。这样的朋友是值得我们深交的。荀巨伯的行为也表明，即使在面临困难和挑战时，坚持道德原则和行仁义之举仍有可能改变局势，化险为夷。可见"义"的强大感化力量。

害人之心不可有

本期主人公

姓　　名	庾（yǔ）亮，字元规
别　　称	庾元规、庾文康
所处时代	东晋
生卒年	公元 289 年—公元 340 年
主要成就	助平王敦，坚守白石

庾亮出身显赫，是东晋时期的名臣、名士。他特别喜欢**老庄之学**，为人严肃庄重，不苟言笑，恪守礼节，一举一动都严格遵礼而行，身边的人们都对他那方正严峻的性格有些顾忌，不敢随意接近他。

但实际上，庾亮是一个面冷心热的人。在担任征西大将军、荆州刺史期间，他曾收到一匹宝马。这匹马与众不同，具有独特的斑纹和特征，是传说中的神骏之马——的卢。相马的术士们都认为这种马不祥，甚至传言说这种马会给它的主人带来厄运。

老庄之学

又称玄学、新道家，是汉武帝罢黜百家后，继黄老之学道家衍生出的一个新门派，是对《老子》《庄子》和《周易》的研究和解说，产生于魏晋时期。它强调的是通过追求无为而至得无，以达到自我修养和与自然和谐相处的境界。

听到这些传言，庾亮身边的人急忙劝告他说："你这马不吉利啊，很有可能会给你带来祸患，最好还是把它卖掉吧。"

庾亮听了这个人的话，赶紧摇摇头，说："不行，我不能这样做。如果

我把它卖了，必定还会有人把它买走的，那我不就是无形中害了那个买主吗？君子怎么可以因为对自己不利，就把祸患转嫁给别人呢！我要向孙叔敖看齐，学习他旷达的精神！"

💡 **小贴士**

孙叔敖：春秋时楚国期思（今河南淮滨东南）人。官令尹（楚相），辅助楚庄王成就霸业。

庚公乘马有的卢，或①语令卖去。庚云："卖之必有买者，即复害其主，宁可不安己而移于他人哉？昔孙叔敖杀两头蛇以为后人，古之美谈。效之，不亦达②乎？"

《世说新语·德行1—31》

[注释]

①或：有的人，有人。　②达：通达，明白事理。

　　原来，孙叔敖小时候在路上碰到过双头蛇。那时候，大家都说遇到双头蛇的人一定会死。孙叔敖心想：与其让别人遇到这蛇遭遇不幸，不如我把它打死埋掉。于是，他就把蛇打死埋了。

　　回家后，孙叔敖哭个不停，忧伤地连饭都吃不下，担心自己会死。当他把这件事告诉母亲后，母亲安慰他说："你做了一件大好事，为民除害。你不但不会死，上天还会保佑你富贵发达。"听到母亲这么说，孙叔敖心中的石头才落了地。

　　庾亮为官时总是以大义为先，深忧国家和百姓。朝廷曾因他的功绩，欲封他为镇西将军，但他坚决推辞。之后，因讨伐王敦有功，朝廷欲封他为永昌县公，他又多次辞让，最终朝廷还是顺从了他的意愿。

你做得很好.

东晋一代名将陶侃曾这样评价庾亮："非惟风流，兼有为政之实。"庾亮一生践行古人的德行修养，以高尚品德约束自身行为。他坚守"害人之心不可有"的原则，坚决不将个人利益置于他人之上。在如今纷繁复杂的社会生活中，许多人为了追求个人利益而损害他人利益，这种行为实不可取。我们应当赞扬庾亮追求高风亮节的信念。他以孙叔敖为楷模，始终严格要求自己，不为眼前利益所诱，严守做人底线，最终留下千载英名。

仗义乐施的阮裕

本期主人公

姓　　名	阮裕，字思旷
所处时代	东晋
生卒年	不详

阮裕因慷慨而出名。只要他有的东西，无论是什么，他都会毫不犹豫地借给需要的人。所以，亲戚朋友、街坊邻居都很喜欢他。

阮裕在官场几经沉浮，并没有多少起色，于是他退出官场，隐居于会稽的剡（shàn）县，以寻求内心的平静。在剡县生活期间，他买了一辆华美绝伦的马车，这个马车由绸缎覆盖，又用宝石点缀，阳光下璀璨夺目，华丽非凡。

一般人要是拥有这样一辆马车，肯定当宝贝一样珍惜，舍不得用。可是阮裕不一样，他每天正常使用，如果有人向他借这辆车，他从不犹豫，爽快地就把车借给人家。

可是，有一天他突然举着火把，走向马车，说："我今天一定要把这辆车烧了！"

家里人一看，赶紧抱住他，说："你千万不要意气用事呀，这辆车价值不菲啊。"邻居们也跑出来看，都不明白他为什么要烧车，过来细问原因。

原来，他的一个邻居的母亲去世了，这位邻居想把母亲拉到城外安葬，可是家里没有车。有人就跟他说："阮裕有车，他人很好，肯定会借给

　　你的。你就去借一下阮裕的车，载着你母亲的遗体去城外安葬吧。"

　　这个人想了想，说："阮裕的车是一辆豪车，我怎么能用来载母亲的遗体呢，他的车经常外借给别人，如果别人知道这车拉过死人，就不会再借他的车了，这不是让他为难吗？我还是不要去找他借了！"

　　阮裕听了这件事之后，长叹一声，说："我有精美的宝车，本是件好事。现在，别人却不敢开口来借，留着它还有什么用呢？不如把车烧掉了好！"

　　说话间，他举着火把已经把车点着了。

　　阮光禄①在剡，曾有好车，借者无不皆给。有人葬母，意欲借而不敢言，阮后闻之，叹曰："吾有车，而使人不敢借，何以车为②？"遂焚之。

《世说新语·德行 1–32 》

[注释]

①阮光禄：人名。即阮裕。他曾做过金紫光禄大夫，所以又称阮光禄。　②何……为：干什么。

不如把车烧掉了好！

太可惜了！

　　阮裕因为别人不好意思借车葬母，而焚车以自省。在我们看来，此举未免有些小题大做，但也可能是因为我们的修养还未达到阮裕的境界。贤达之人总是严于律己，不断追求更高的道德境界。阮裕是一个有着高尚道德的人，他觉得这辆车虽然很好，但在关键时刻没有起到应有的作用，也就失去了它的价值。他烧车，烧的不仅仅是一辆马车，也是他想摒弃"私心"的决绝吧。

身无长物的王恭

本期主人公

姓　　名	王恭，字孝伯
别　　称	王孝伯
所处时代	魏晋南北朝
生 卒 年	？—公元 398 年
主要成就	镇守京口

东晋时期，有位名叫王恭的年轻人，他从小就展现出过人的才智。皇帝对他赞赏有加，委以重任，让他担任过将军、刺史等高官。尽管王恭在仕途上身居高位，但他生活上却一直保持着朴素节俭的习惯。

有一次，王恭从会（kuài）稽（今浙江绍兴）回来时，带了张会稽盛产的竹席。同族的亲戚王忱听闻王恭回来了，就热心地前去看望。

王忱和王恭两人久别重逢，坐在竹席上谈天说地，畅谈不已。就这样，不知不觉间，夕阳西下，王忱赶紧起身告别。在起身的时候，王忱忽然发觉身下的席子非常光滑，回想自己在上面坐了那么长时间，完全没有感觉到任何不适。

王忱心想：王恭从盛产竹子的会稽来，一定还有这样的竹席，我向他要一张应该不过分吧。于是他就在王恭面前不停地称赞这张竹席："这张竹席质地如此光滑，坐上去也特别舒适。我在这里从未见过如此好的竹席！"

王恭刚开始还不明白他的意思，以为他只是赞美，于是客气地回答：

"是呀，会稽的竹子还真和其他地方的不一样，您有时间也可以去会稽看看竹海。"但是，看对方还一直在说，王恭也就明白他说这话的意思了。

这张席子真舒服呀！

是从盛产竹子的会稽带来的！

　　王恭毫不犹豫地将这张竹席拿下来，对王忱说："看您如此喜欢这张竹席，我就把它送给您吧。"王忱也没有推辞，抱着竹席，心满意足地回家了。

　　其实，王恭只有这一张竹席。送给王忱后，他这里就没有竹席可以用了，大夏天的只能将就使用草席。草席的凉爽度远不及竹席，睡惯了竹席的王恭晚上常常辗转反侧。

　　王忱知道实际情况后，特别吃惊，心里觉得十分过意不去。他带着竹席赶紧跑到王恭家，满含歉意地说："真的十分抱歉，我不知道你只有这一床竹席，君子不夺人所好，这床竹席我还是还给你吧。"

哎呀，睡不着啊睡不着啊……

王恭听后，笑笑说："您太不了解我了，我王恭**身无长物**，所以席子也只有一张。不过，我将席子送给您也是心甘情愿的，您不要有心理负担，您就拿着吧。"

身无长物

指除自身外再没有多余的东西，形容贫穷。

王恭从会稽还，王大看之。见其坐六尺簟①，因语恭："卿东来，故②应有此物，可以③一领及我。"恭无言。大去后，即举所坐者送之。既无馀席，便坐荐④上。后大闻之，甚惊，曰："吾本谓卿多，故求耳。"对曰："丈人⑤不悉恭，恭作人无长物。"

《世说新语·德行1-44》

[注释]

①簟（diàn）：竹席。 ②故：通"固"，本来；自然。
③可以：是两个词，"可"是可以，"以"是拿。 ④荐：草垫子。 ⑤丈人：对年长者的尊称。

王恭赠席的故事体现了他为人处世的智慧和美德。首先，王恭并没有因为自己家境清贫而吝啬，而是愿意与他人分享自己的财物。这种对人真诚的高尚品质是值得我们赞赏和学习的。其次，尽管王恭家境清贫，但他并没有变得贪婪或追求物质财富。相反，他保持了节俭和廉洁的作风，值得我们学习和尊重。

你知道吗？

奢与俭

　　王恭也不是对所有事都节俭。他笃信佛教，在担任刺史一职时，曾主持修建了一座宏伟的佛寺。在修建寺庙时，王恭选用了珍贵的材料、采用了精湛的工艺，不仅追求寺庙外观的华丽，还特别注重内部装修和细节处理。这种追求豪华的做法在当时也引起了一些争议。有人认为，过度追求外表的华丽不仅是铺张浪费，还可能会让人们忽视寺庙所承载的真正意义和精神价值。此外，为了完成这些豪华装修，需要调动大量当地的百姓和士兵充当劳役。这不仅耽误了百姓的农事，还影响了士兵的训练，导致军民怨声载道。

古代文学作品中的名马

赤兔马

赤兔马一直是好马的代表，所谓"人中吕布，马中赤兔"。

的卢

三国时期刘备的坐骑，其奔跑的速度飞快，在三国历史中最显眼的一处便是背负刘备跳过阔数丈的檀溪，摆脱了后面的追兵，救了刘备一命。

乌骓（zhuī）

霸王项羽的座驾，是一匹黑马，通体像黑缎子一样油光发亮，唯有四个马蹄子部位比雪还白。传说，项羽自刎（wěn）于乌江边后，忠于主人的乌骓也自跳乌江而死。

飒露紫

昭陵六骏之一的"飒露紫"是李世民东征洛阳、铲平王世充势力时的坐骑。

绝影

绝影是一代枭雄曹操的坐骑。顾名思义，它跑起来快得连影子也跟不上，绝影无影。

黄骠马

"骠"字的含义是"黄马带白点"。此马的白点多位于肚子和两肋处。最主要的是马头上有白毛，形状圆如满月。据小说《隋史遗文》《隋唐演义》中所记，唐初名将秦琼（秦叔宝）的坐骑即为黄骠马。

照夜玉狮子

通体上下一色雪白，没有半根杂色，传说能日行千里，产于西域，马中极品中的极品。我国很多历史小说中的人物都以这种"照夜玉狮子马"为坐骑，如赵云、伍云召、宋江。

爪黄飞电

爪黄飞电通体雪白，四个黄蹄子，气质高贵非凡，傲气不可一世。唯有曹操这样的枭雄才可以配得上这匹骏马。

特勒骠

李世民与刘武周大将宋金刚等作战时的坐骑，排列于昭陵祭坛东侧首位。此马毛色黄里透白，喙微黑色。

盗骊

为古代名驹，乃关外名马，体格健壮，千里绝群，脾气暴烈，极难驯服。后泛指良马。古代传说周穆王八骏之一。

不战而屈人之兵

　　"不战而屈人之兵"是《孙子兵法》中的经典之语，原文写道："凡用兵之法，全国为上，破国次之；全军为上，破军次之；全旅为上，破旅次之；全卒为上，破卒次之；全伍为上，破伍次之。是故百战百胜，非善之善者也；不战而屈人之兵，善之善者也。"其核心含义在于通过策略、计谋和心理战等手段，使敌军主动屈服或放弃抵抗，从而避免直接的军事冲突。这种战争观念突显了智谋在战争中的重要作用，旨在以最小的代价获取最大的胜利。

　　这种"不战而屈人之兵"的智慧和策略不仅适用于古代战争，更可以延伸至现代社会的各个领域。在和平与发展的时代背景下，这种以智取胜、以和为贵的理念具有更加深远的意义。它提醒我们在处理冲突和竞争时，应充分发挥智谋和策略，以和平、协商和合作的方式解决问题，实现共赢。

互动小课堂

小小辩论赛

主持人：同学们，今天我们读了阮裕因别人不敢向他借车就烧了自己的豪车的故事，你们觉得阮裕的做法对吗？我们分为正反两方，正方觉得对，反方觉得不对，理不辩不明，咱们来讨论看看。

正方：＿＿＿＿＿＿＿＿＿＿＿＿＿＿＿＿＿＿
＿＿＿＿＿＿＿＿＿＿＿＿＿＿＿＿＿＿＿＿＿＿
＿＿＿＿＿＿＿＿＿＿＿＿＿＿＿＿＿＿＿＿＿＿

反方：＿＿＿＿＿＿＿＿＿＿＿＿＿＿＿＿＿＿
＿＿＿＿＿＿＿＿＿＿＿＿＿＿＿＿＿＿＿＿＿＿
＿＿＿＿＿＿＿＿＿＿＿＿＿＿＿＿＿＿＿＿＿＿

参考答案

正方：阮裕焚烧了马车，使自己的私心绝灭。阮裕性格直率，喜欢助人为乐，对自己要求很严格，是一个品德高尚的人。最后，通过阮裕的正面形象，还讽刺了因吝惜自己的钱财而不肯去帮助他人的人。

反方：这篇文章主旨是表现阮裕为人很慷慨，烧车当然是他的严厉自省行为，表现了他对高尚德行的追求；但烧车行为本身也存在虚张声势、装腔作势之嫌。

第三章

上善若水

导读

在《道德经》中，老子曾说："上善若水，水善利万物而不争。处众人之所恶，故几于道。"这句话把"善"诠释得非常深刻和全面，并且将水的美德称之为"上善"。在老子的眼中，水是高尚人格的象征，他想借"水"来告诫人们，我们说话和做事应如流水一般，追求潇洒脱俗、悠然自得的境界。

在魏晋时期，"善"被视作一种极高的道德品质。通过行善，能够促进人与人之间的和谐与团结，建立起相互信任与合作的关系，进而推动社会的发展和进步。"善"也被视为一种生命境界的追求。士人们通过修身养性、提升自我修养来追求"至善"的境界。他们倡导以仁爱为本，关爱他人，宽厚待人，为社会作出贡献。这种追求不仅提升了个人品德修养，还为社会树立了榜样。

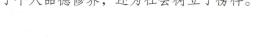

救人救到底

本期主人公

姓　　名	华歆，字子鱼
别　　称	华太尉、华独坐、华公、龙头
所处时代	三国
生 卒 年	公元 157 年—公元 232 年

三国时期有名的人物华歆和王朗，年轻时是非常要好的朋友，经常一起游玩。

有一年，华歆和王朗的老家发大水，他们的房子都被大水冲塌了，很多盗贼趁机抢东西，那段时间很不安全。所以，华歆和王朗就和其他几个邻居一起坐船逃难去了。

> **小贴士**
>
> 王朗：王朗博学多闻，校注儒家经典，很有名气。著有文集三十卷，如《周易传》《春秋传》《孝经传》等。

船上的人都已经到齐，东西也都装好了，大家正准备解缆出发，突然，从远处跑来一个人，这个人背着个大包袱，一边跑一边挥手大声喊叫："等等我，等等我，等一下再开船啊！"等他跑到岸边的时候已经满头大汗，上气不接下气。他一边喘着粗气一边说："大家……大家都在逃命，我前面问了好几条船上的人，人家都说人满了，不肯让我上船。我

看到这边还有一条船，所以就赶紧跑过来试试，求求你们，带上我一起走吧……"

华歆听后，眉头紧皱，沉思片刻后对那个人说："真的非常抱歉，我们的船上也已经很多人了，你还是再想想其他办法吧。"

话音刚落，王朗看了一眼华歆，插话道："华歆，你这人怎么这么小气呀，船上明明还有空位，见死不救可不是君子所为，我们还是带上他吧。"华歆听王朗这样说，也不好多说什么，便让那个人上了船。求助的男人握着王朗的手千恩万谢："真的太谢谢你了，你真是大好人呐！"

然而，他们的船还没走几天，就遇到了盗贼。盗贼划着小船飞快地追了过来，眼看离他们的船越来越近，船上的人都惊慌失措，不知道该怎么办，只能不停地催促船家划快点儿，但是船载过重，速度上不去。

王朗也非常害怕，他找到华歆商量说："现在我们遇到了盗贼，情况非常紧急，船上的人也太多了，速度上我们根本没有优势，再这样下去，我们只能眼睁睁地被强盗追上。要不，我们把后来上船的那个人赶下去，这样也能减轻一些船的重量。"

　　华歆听后，摇摇头，非常严肃地说："开始的时候，我考虑良久，犹豫再三，就是怕人多了行船不便，遇到特殊情况没法脱身，所以才拒绝人家。可是你爽快地答应了人家，现在人家已经在船上了，你再出尔反尔，因为情况紧急就把人家甩掉，这怎么能行呢？"

　　听完这番话，王朗感到十分羞愧，说不出任何话。华歆转身对所有人说："现在，我们情况危急，大家一定要团结一心，一起努力，我们接力划船，一定能脱险的。"最终，在大家的共同努力下，他们的船顺利地摆脱了盗贼的追击，安全地抵达了目的地。

　　通过这件事情，也让世人更加清楚地认识到华歆和王朗品德的高下之分。

　　华歆、王朗俱乘船避难，有一人欲依附，歆辄难①之。朗曰："幸尚宽，何为不可？"后贼追至，王欲舍所携人。歆曰："本所以疑②，正为此耳。既已纳③其自托，宁可以急相弃邪？"遂携拯如初。世以此定华、王之优劣。

《世说新语·德行1-13》

[注释]

①难：认为……难。　②疑：迟疑，犹豫不决。　③纳：接受。

在救助他人的问题上，华歆和王朗展现出了截然不同的道德品质和行为方式。华歆在面对是否救助他人时，没有着急答应并非无情无义，相反，正是他考虑事情更为周全，后来答应救助便不会再抛弃，信守承诺。

相比之下，王朗的行为则显得自私和短视。他草率地决定救助他人，却在危急时刻选择放弃，只关注自身的安危而不顾他人。这种行为暴露了他的冷漠和缺乏责任心，后人得出结论：华歆的品质和行为方式更值得赞扬和推崇。

你知道吗？

断交不断义

"割席断交"讲的是管宁和华歆这对好朋友的故事。有一天，他们在园子里锄草时，发现了一片金子。管宁视而不见，继续挥动锄头，而华歆则捡起金子，但很快又把它扔掉了。后来，他们又一起坐在同一张席子上读书，这时有官员乘坐马车从门外经过。管宁仍然专注地读书，不受打扰，而华歆却放下了书，走出去观看。管宁看到这一幕后，就割断席子和华歆分开来坐，说："你不再是我的朋友了。"

管宁、华歆共园中锄菜，见地有片金，管挥锄与瓦石不异，华捉①而掷去之。又尝同席读书，有乘轩冕过门者，宁读如故，歆废②书出看。宁割席分坐，曰："子非吾友也。"

《世说新语·德行1-11》

[注释]

①捉：握；拿。　②废：放弃；放下。

后来，华歆的官位越来越高。当曹操征讨孙权时，他被任命为军师。曹丕继位后，华歆被封为相国和安乐乡侯。曹丕继位初期，他下令要求宫廷大臣推荐特立独行的隐士。华歆第一个就想到了管宁，于是推荐了他。后来，曹丕去世，皇太子曹叡（ruì）即位。华歆被封为博平侯，同年十二月华歆又被任命为太尉，但是华歆称病请求退休，推荐了管宁担任太尉一职。虽然好朋友断交了，但是华歆在大义面前还是非常公正的。

勿以善小而不为

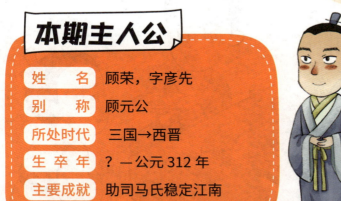

本期主人公

姓　　名	顾荣，字彦先
别　　称	顾元公
所处时代	三国→西晋
生卒年	？—公元 312 年
主要成就	助司马氏稳定江南

顾荣是孙吴丞相顾雍的孙子，在吴国灭亡后，他前往洛阳寻求发展。

在洛阳期间，顾荣曾受邀参加一个朋友家的烤肉宴。在用餐时，他发现那个负责烤肉的仆人眼睛直勾勾地盯着盘子，一副特别想吃烤肉的样子。

顾荣放下筷子，停下吃肉，把刚刚那个仆人喊到眼前，问："你是不是很想吃这个烤肉啊？"仆人很窘迫地说："不，不，我没有……"顾荣笑了笑说："你不要不好意思，如果你想吃就把我这盘拿走，我正好也吃饱了。"

那个仆人红着脸，端着那盘烤好的肉退下了。

同座的人看到了，都讥笑顾荣说："这不过是个仆人，你怎么能把烤肉让给他吃呢？"听了这话，顾荣反问道："你们让一个人天天烤肉给你们吃，却从来没让他尝过烤肉的滋味，这怎么过意得去呢？"

后来因为北方战火四起，八王之乱、五胡乱华，晋朝的很多人渡过长江到南方避乱，顾荣也在这批逃难大军中。这一路上兵荒马乱，到处危机

想吃就拿去吃吧，别不好意思。

四伏，顾荣遇到了很多的危险。令人感到奇怪的是，每当顾荣陷入危险之中，总会有一个人突然出现，全力保护他。

有一次，顾荣又身陷险境，那个神秘人又一次及时出手相救。等危险过去，顾荣一把抓住这个人，诚心问道："请问英雄是何方人物，为什么要如此帮我？"

直到这时，这个人才不紧不慢地对顾荣说："顾大人，您可能已经认不出来我了，我可一直没有忘记您的恩德。我也不是什么英雄，我只是当年在饭桌上受您一肉之恩的那个烤肉的人啊。"

顾荣在洛阳，尝应人请，觉行炙人^①有欲炙之色。因辍^②己施焉。同坐嗤^③之。荣曰："岂有终日执之，而不知其味者乎？"后遭乱渡江，每经危急，常有一人左右己。问其所以，乃受炙人也。

《世说新语·德行1-25》

[注释]

①行炙（zhì）人：做烤肉的人。炙：烤肉。　②辍：舍出，让出。
③嗤（chī）：讥笑。

　　在古代中国，尊卑有序，主仆之间有着严格的界限。魏晋时期更是如此，当时的人们认为高门士族不应该与下等人打交道。但是，顾荣却能够跨越这种界限，主动与下人分享自己的食物，这种行为无疑是一种打破常规、尊重他人的表现。用今天的话说是没有阶级歧视，充满了人性的光辉，这是顾荣的"善"。而那位烤肉的仆人也是滴水之恩涌泉相报，甚至用生命去报答当初那一盘肉的恩情，这种知恩图报体现的"义"字正是古人所大力宣扬的。

郗公吐哺

本期主人公

姓　　名	郗（chī）鉴，字道徽
别　　称	郗公
所处时代	晋朝
生 卒 年	公元 269 年—公元 339 年
主要成就	平定祖约、苏峻之乱，镇守京口，调和朝局

　　郗鉴从小家境贫寒，但他从未放弃学习。即便在耕田的间隙，他也坚持背诵文章。长大后，他凭借自己的才华和能力步入了仕途。

　　郗鉴对政治具有高度敏感性，在永嘉之乱时，他早早地察觉到了"**山雨欲来**"的迹象，于是他提前辞官，返回了老家，打算隐居观望，伺机而动。

　　不料，此时老家正在闹旱灾，百姓们的庄稼都是颗粒无收。郗鉴自己也没有多少俸禄，一时之间一家人的生计便成了令人头疼的大问题。

山雨欲来

　　为"山雨欲来风满楼"的省略，指预示有事情即将发生。现多用来比喻冲突或战争爆发之前的紧张气氛。

　　郗鉴的太爷爷郗虑曾做过东汉献帝时的御史大夫，为官期间善待家乡的百姓，为家乡做过巨大贡献。老家的乡亲们看到郗鉴现在的处境窘迫，于是聚集起来商量说："郗公这个人素来有德行，咱们不能看着他饿死啊，我们得拉他一把。虽然我们现在的生活也很困苦，但我们可以每家每天轮

饿饿饿……

流给郗公一点儿吃的，我们大家一起努力帮他渡过难关吧。"

这个提议顺利通过，郗鉴听了他们的计划也没有推辞，当天就决定去第一家吃饭。

临出门的时候，他听到屋内传来小孩撕心裂肺的哭声，去询问后才知道，原来是他的侄子和外甥饿得哇哇大哭。郗鉴看着俩孩子哭成这样，心中不忍，就硬着头皮带着他们俩一起去那家吃饭了。

然而，旱灾年头，乡亲们生活也很艰难，供郗鉴一个人吃饭已经是勒紧裤腰带省出来的了，现在再加上两个正在长身体的孩子，实在是心有余而力不足。负责人只能跑来跟郗鉴商量说："郗公，您是贤明高尚之人，我们不忍心看您受苦，所以才决定联合起来轮流奉养您。但是，我们各家实际上也非常困难，实在是没有余力兼顾您的侄儿和外甥，希望您能理解。"

　　郗鉴听完，感到非常愧疚，但是又不能放着这两个小孩子不管，究竟该怎么办呢？他苦思冥想，终于想出一个两全其美的办法。

　　第二天，郗鉴自己一个人过去吃饭。他自己随便吃几口，便把剩下的饭菜都含在自己的两颊之中，像一只松鼠那样，鼓着腮帮子跑回家去。

赶快回家喂孩子吃饭！

　　到家之后，他把腮帮子里的饭吐到盘子里，让俩孩子吃。就是因为郗鉴这样含饭回来吐哺，使得侄子郗迈和外甥周翼都得以存活下来。

　　郗迈和周翼都非常争气，长大后都有所成就。郗迈做了高官，而周翼则做到了九卿之一的少府卿。值得一提的是，当郗鉴去世时，周翼正在剡县担任县令。他听到消息后立刻辞职，赶到郗鉴的灵床前，铺草席守孝三年，以表达对舅舅的感激。

郗公值永嘉丧乱，在乡里，甚穷馁。乡人以公名德，传共饲①之。公常携兄子迈及外生周翼二小儿往食，乡人曰："各自饥困，以君之贤，欲共济君耳，恐不能兼有所存。"公于是独往食，辄含饭著两颊边，还，吐与二儿。后并得存，同过江。郗公亡，翼为剡县，解职归，席苫②于公灵床头，心丧③终三年。

《世说新语·德行1-24》

[注释]

①饲(sì)：通"饲"，给人饭吃。　②席苫(shàn)：以草垫为席，坐、卧在上面。古制，父母去世，孝子在草垫上枕着土块睡觉，以尽居丧之礼，叫作"寝苫枕块"。这里指周翼以为父母守孝的方式为郗鉴守孝。　③心丧：如同哀悼父母一样悲伤，但不穿孝子之服。古制，父母死，服丧三年；外亲死，服丧五个月。郗鉴是外亲，周翼不具丧服而守孝三年，所以称心丧。

点评与思考

"郗公吐哺"是一种善心和仁爱，是"不独子其子"的大爱。受到郗公帮助的外甥周翼也有着"反哺"之情，在郗公死后为其守孝三年。其实，最值得称赞的是郗鉴所在的同村村民。在那样的大灾之年，人人自危，甚至到了"易子而食"的地步。但他们却主动提出要去帮助郗鉴，愿意拿出为数不多的口粮来奉养这位没有血缘关系的贤德之人。虽然他们在历史上没有留下名字，但这种善意和大爱将会流传千古，永远被铭记。

东晋王朝的执剑人

　　郗鉴能得乡亲们如此爱戴，也是因为他平素待乡亲们特别亲厚，平时他总会将得到的馈赠送给亲族和乡里孤贫老弱，得到他接济的人很多，大家都特别敬重他。在中原动荡的时期，大家相互商议说："如今天子流亡在外，中原无主，我们必须团结起来，找一个仁德之人带领我们渡过难关。"

　　于是，大家就推举郗鉴为主，一千多户自愿地跟随郗鉴。郗鉴就以这些人马作为基础，势力逐渐扩大，影响力也越来越显著。晋元帝司马睿镇守江左时，让郗鉴为龙骧将军、兖（yǎn）州刺史，出镇邹山。郗鉴刚开始并不顺利，但是，在战事不断、食物短缺等艰难的情境下，属下们仍没有叛离郗鉴，反而人数越来越多，三年之间就达到了数万的兵力。这为以后他协助明帝平定"王敦之乱"打下了坚实的基础。郗鉴虽是旧儒世家，却凭借军事力量形成震慑，如同东晋王朝的执剑人。

人之初，性本善

本期主人公

姓　　　名	谢安，字安石
别　　　称	谢太傅、谢文靖、谢东山
所处时代	东晋
生卒年	公元 320 年—公元 385 年
主要成就	挫败桓温篡位之意，淝水之战东晋方决策者

　　谢安是东晋时期杰出的政治家，出身陈郡谢氏，少年时便有很高的声誉。

　　谢安有个大哥叫谢奕，比谢安大了很多岁，与枭雄桓温是好朋友。谢奕在桓温手下担任官职时经常喝酒，因此他的很多事情都与酒有关。

　　谢安七八岁的时候，他的大哥谢奕已经成为当地的县令。虽然县令的官职不大，但需要管理的事情却很多，包括一些鸡毛蒜皮的小事。如果有人东西被偷了或者有人打架，只要来县衙告状，谢奕都需要亲自处理。

　　谢奕非常喜欢他的弟弟谢安，经常带着他一起玩。谢安非常好奇大哥是如何处理案件的，便缠着大哥带

小贴士

　　陈郡谢氏是魏晋南北朝时期最具代表性的世家大族之一，其家族成员在历史上留下了深刻的印记，无论是在军事上的辉煌战绩，还是在文化艺术上的杰出贡献，都为中国古代历史增添了浓墨重彩的一笔。

他去县衙。谢奕被缠得没办法，只好带着他到县衙，并让他坐在自己旁边观看。

那天，有一个老翁犯了法，谢奕不想在谢安面前施刑，于是他想出了一个特别的惩罚方式，就是让老翁喝烈酒。可能有人会说，喝酒这等好事怎么能算是惩罚呢？但实际上，任何事情都过犹不及。

刚开始，老翁还觉得很开心，**自吹自擂**说他平素最喜欢喝酒，是远近闻名的千杯不醉。谢奕笑笑，没有说话。过了一会儿，这老翁开始求饶了，他不停地喊着："不喝了，不喝了，我真的喝不下了，真的喝不下了……"可是执行的差役并没有停手，还是一声不吭地继续给他灌酒。这时候，老头已经昏昏沉沉的，一句话都说不出来了，只能痛苦地呻吟着。灌酒的差役依然没有停手。

自吹自擂

自己吹喇叭，自己打鼓。这个成语通常用来形容某人过分夸大自己的成就或能力。含贬义。

哥哥，放了他吧！他太可怜了！

谢安坐在哥哥身边，一开始觉得还挺好玩的，但渐渐地，他心里开始不舒服了。他知道不应该打扰哥哥办公，但是看到老人痛苦的样子，谢安实在忍不住了。他小声地对谢奕说："哥哥，这个老人家太可怜了，他已经喝不下了，为什么还要一直灌他酒呢？"

谢奕转头看着谢安，问："你是想放他走吗？"谢安重重地点点头，回答说："是的！"谢奕没有多解释什么，便将老人打发走了。

谢奕作剡令，有一老翁犯法，谢以醇酒罚之，乃至过醉而犹未已。太傅时年七八岁，著青布绔，在兄膝边坐，谏曰："阿兄，老翁可念①，何可作此！"奕于是改容曰："阿奴②欲放去邪？"遂遣之。

《世说新语·德行1-33》

[注释]

①可念：可怜。　②阿奴：长辈对晚辈的昵称，或尊者对卑者的称呼，此处指哥哥称呼弟弟。

点评与思考

"人之初，性本善"，人刚刚生下来的时候内心最澄澈，没有一丝杂质，是最善良的，在经过后天环境的熏陶后，可能会变得没有那么纯粹。儒家同样也有"性恶"说，其理念是说，人本性是恶的，是自私的，在后天的教育和培养下，才会慢慢变得善良。谢安那时候还是个小孩子，他的这种善良是出于本心，很是珍贵。

国学大讲堂

古代的守孝习俗

古代的守孝是一种传统的文化习俗，它有着很长的历史和深厚的文化底蕴。在古代，人们认为孝道是道德的核心，也是家庭和社会秩序的基础。因此，守孝就成了一种表达对已故父母敬爱和怀念之情的传统习俗。守孝的方式和时间因时代和地域的不同而有所差异。

首先，守孝一般有着严格的方式和时间。在父母逝世后，儿女需要在家中设立孝堂，悬挂白色孝幡，点燃孝烛，并穿戴孝服。孝服的颜色和款式有着严格的规定，一般是黑色或白色的布料，式样朴素，不能有任何花纹和装饰。在中国传统文化中，孝服的穿着时长与守孝期紧密相关，守孝期是子女为纪念已故父母而遵循的一种礼仪制度。守孝期根据亲疏关系分为五个阶段：斩衰期长达三年，齐衰期为一年，大功期为九个月，小功期为五个月，而缌麻期则为三个月。其中，斩衰期是最长的，孝子或孝女在这期间会穿着特定的孝服，以表达对逝者的深切哀悼和尊重。

在守孝期间，儿女需要遵循一系列严格的规矩，他们不能参加娱乐活动，不能穿戴鲜艳的服饰，不能洗澡换衣服，不能剪发刮胡子，不能饮酒吃荤等。此外，他们还需要每日向祖先行礼祷告，并进行一定的休养和养生活动。

"北府军"是谁创立的，郗鉴还是谢安？

淝水之战是中国历史上著名的以少胜多的战例。拥有绝对优势的前秦败给了东晋，前秦也因此衰败下来。其中东晋"北府军"发挥了巨大作用，名扬天下。

北府军，又称"北府兵"，是东晋时期最强的军事力量。在淝水之战中，他们以弱胜强，打败了符（fú）坚的大军，使谢安一战封神。尽管前人多次提及谢安在组建北府兵方面的功劳，但实际上，郗鉴才是最早意识到北府地区的军事价值的人。

东晋时期，由于北方战乱频发，许多流民南渡至江南地区，其中不少人聚集在京口（今江苏镇江）一带。京口地处长江下游，战略位置重要，是荆扬之争中的要冲，也是建康（今江苏南京）的北方屏障。郗鉴当时被任命为八郡都诸军事，驻地京口，开始筑垒、屯田、召集流民，为后来北府军的形成奠定了基础。

然而，北府军的正式成立和完善，是在谢安和其侄子谢玄的领导下实现的，他们是北府军的实际组织者和领导者。在谢玄的指挥下，北府军在淝水之战中发挥了关键作用，以少胜多，击败了前秦的大军，从而确立了北府军在东晋军事史上的地位。

互动小课堂

阅读下面的文言文，完成相关题目。

周公吐哺

其后武王既崩，成王少，在强葆之中。周公恐天下闻武王崩而叛，周公乃践阼代成王摄行政当国。管叔及其群弟流言于国曰："周公将不利于成王。"周公乃告太公望、召公奭曰："我之所以弗辟而摄行政者，恐天下叛周，无以告我先王太王、王季、文王。三王之忧劳天下久矣，于今而后成。武王早终，成王少，将以成周，我所以为之若此。"于是卒相成王，而使其子伯禽代就封于鲁。周公戒伯禽曰："<u>我文王之子武王之弟成王之叔父我于天下亦不贱矣然我一沐三捉发一饭三吐哺起以待士犹恐失天下之贤人</u>。子之鲁，慎无以国骄人。"

1. "周公吐哺"一词用以形容周公（　　　　）。
A. 恪尽职守　　B. 崇尚节俭　　C. 礼待贤士　　D. 爱护百姓
2. 为画横线的句子划分朗读停顿，并翻译。

_____

_____

3. 试分析"周公吐哺"和"郗鉴吐哺"的不同深意。

_____

_____

参考答案

1.C

2. 我文王之子 / 武王之弟 / 成王之叔父 / 我于天下亦不贱矣 / 然我一沐三捉发 / 一饭三吐哺 / 起以待士 / 犹恐失天下之贤人。

我是文王的儿子，武王的弟弟，成王的叔父，与天下人相比我的地位也不算低了。但是我还要洗一次头三次握发，吃一顿饭三次放下饭碗，站起来接待贤士，即使这样还担心错过了天下的人才。

3. 周公为了招揽天下贤能之士，接待求见之人，一次沐浴要多次握着头发，一餐饭要多次吐出口中的食物来。后遂用"周公吐哺"表示思贤如渴、礼贤下士，为延揽人才而操心忙碌。"郗公吐哺"是郗公想尽办法喂养年幼的侄子和外甥。从"郗公吐哺"我们看到的是一份和美的传统美德。长者对晚辈的爱护，晚辈对老人的尽孝，相辅相成，相得益彰。

第四章

刚正不阿

导读

正直是中华民族一直推崇的美德，历来受到人们的赞美。说话、做事坚持原则、公正无私，是体现一个人正直品格的重要方面。

在魏晋时期，正直表现为士人们的品行，他们不屈服于外力，不畏惧强权。《世说新语》中有很多方正之人，有许多故事描绘了他们坚守道义、尽忠节孝、舍生取义的品质。

这种正直的品行也在他们的散文、政论等文学作品中得到了体现，成为魏晋风骨的重要特征之一。

生而有节，宁折不弯！

宗世林威武不能屈

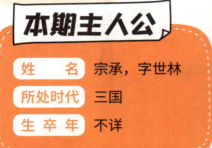

本期主人公

姓　　名	宗承，字世林
所处时代	三国
生卒年	不详

宗世林是东汉末年南阳的名士，与曹操生活在同一时代。当曹操还只是个无名小辈的时候，宗世林已经声名远扬。年轻的曹操非常想与宗世林建立联系，这可能是出于年轻人对名人的崇拜，或者他想通过与名人的结交，提升自己宦竖之子出身的卑微形象。毕竟，曹操的父亲曹嵩是东汉**宦官**曹腾的养子，这样的出身并不光彩。

尽管曹操多次尝试与宗世林接触，但一直未能成功。某次偶然的机会，曹操终于见到宗世林。他一见到宗世林，就一把握住他的手，请求能够与其结交，但是被宗世林严词拒绝了。

宦官

> 又称太监、中官、内官、内臣、内侍等，是中国古代专供皇帝及其家族役使的奴仆。宦官在先秦和西汉时期并非全是阉人，自东汉开始，宦官则全由阉人担任。

这并不是因为曹操的出身不好，而是宗世林不欣赏他。曹操从小就表现得与众不同，他既不按照人们所认可的修身标准约束自己，也不规规矩矩地搞些正经营生过太平日子，这跟宗世林的价值观是相悖（bèi）的。"道不同不相为谋"，坐在一起也是"话不投机半句多"，还有交往的必要吗？

所以，宗世林就没有理他。

　　哪知道，三十年河东，三十年河西，曹操一路飞黄腾达，四十二岁时已经官拜**司空**，大权在握。**睚眦必报**的曹操忘不了年轻时受到的冷落和耻辱，于是他特地找来宗世林，傲慢地说："现在我有资格和你交朋友了吧？"他的语气中充满了得意和炫耀。

　　哪知道宗世林并没有向权势低头，义正词严地拒绝说："我的意志和松柏一样，不会改变。"

司空

　　三公之一，参议国事，掌水土之事的最高行政官。

睚眦必报

　　睚眦（yá zì），瞪眼怒目而视人。指极小的怨恨也一定要报复。含贬义。

南阳宗世林，魏武①同时，而甚薄②其为人，不与之交。及魏武作司空，总朝政，从容问宗曰："可以交未？"答曰："松柏之志犹存。"世林既以忤旨见疏，位不配德。文帝兄弟每造其门，皆独拜床下。其见礼如此。

《世说新语·方正 5-2》

[注释]

①魏武：曹操，死后追尊为魏武帝，故称。　②薄：轻视，看不起。

宗世林不卑不亢的拒绝把曹操打蒙了。但此时的曹操早已过了冲动的年龄，宗世林的这几个字突然之间让他明白了，在这个世界上还有一种比松柏、比钢铁更不易改变的东西，叫操守。

拥有雄霸天下之心的曹操并没有大发雷霆，而是让宗世林离开了。

点评与思考

宗世林的故事向我们展示了一个坚韧不屈、清高自守的名士形象。他不受权势所诱，坚守自己的原则和信仰，即使面对别人的盛气凌人也绝不妥协。他借"松柏之志犹存"来表达自己的心志，展现了坚韧不屈、傲雪凌霜的气节。在现实生活中，我们也需要具备这种坚韧不屈的精神，在困境中不放弃，始终坚持自己的信仰和原则。

宗世林的区别对待

在曹操发迹前后，宗世林都始终坚持自己的原则，未曾与他结交。这种坚定的立场让曹操更加佩服他的品德，于是他让自己的儿子曹丕和曹植多多登门拜访宗世林。兄弟俩对宗世林的为人发自内心地尊重和钦佩，赞赏他始终坚守自我、不趋炎附势、不阿谀奉承的品格。每次见到宗世林，他们都表现出极度的尊敬，甚至在宗世林的坐榻下跪拜，行晚辈礼。这种敬重得到了宗世林的真挚回应，他后来还为曹丕四处奔走，最终担任了魏文帝曹丕的直谏大夫。

和峤不"同流合污"

本期主人公

姓　　名	和峤（qiáo），字长舆（yú）
所处时代	西晋
生卒年	？—公元 292 年

年轻的和峤非常钦佩他的舅舅夏侯玄（魏晋早期的玄学领袖人物），以他为榜样，严格要求自己。因此，他的学问和德行都十分出色，很早就享有盛名。步入仕途后，他为政清明，不苛刻烦琐，深受百姓爱戴，也得到了朝廷的赞赏。

不久之后，和峤被征召入京，担任黄门侍郎，后来又升任中书令，成为晋武帝极为宠信的大臣。

按照惯例，**中书监**和**中书令**应当乘坐同一辆马车上朝，但是这个惯例在和峤这里出现了问题。因为身为中书令的和峤性格方正，而身为中书监的荀勖（xù）喜欢阿谀奉承，和峤很厌恶荀勖。每当官车到达时，和峤就先上车，正对着前面端坐，再也容不下荀勖坐了。荀勖这才重新找车，然后才能走。如果荀勖先上车，和峤都拒绝上车，坚决不与荀勖同乘。

> **中书监、中书令**
>
> 官名。中书在汉朝时由宦官担任，总管朝廷文书奏章。魏文帝改为中书令，增设中书监，同掌机密。

其他官员纷纷劝和峤："大家同朝为官，时常碰面，何必咄咄逼人，让对方难堪呢？你就退让一步吧。"然而，和峤态度坚决，不肯妥协："这是原则问题，我无法忍受与这样的人共乘一车。"

晋武帝时，荀勖为中书监，和峤为令。故事^①，监、令由来共车。峤性雅正，常疾勖谄谀。后公车来，峤便登，正向前坐，不复容勖。勖方更觅车，然后得去。监、令各给车^②，自此始。

《世说新语·方正 5-14》

[注释]

①故事：成例，旧日的典章制度。　②给车：供应车子。

我不与某人同乘！

后来这事传到了晋武帝的耳中。大家都认为晋武帝会责备和峤，但出乎意料的是，晋武帝在听完事情的经过后，立即下令中书令和中书监各自乘车入朝。这足以看出武帝对和峤的宠爱之深。后来和峤被提拔为侍中，更受晋武帝的器重了。

晋武帝非常聪明，可是却有一个不甚聪慧的儿子司马衷。朝廷内外都知道太子昏庸愚蠢，不适合作为皇位继承人，但这是一个非常敏感的话题，很少有人敢向武帝提出。

为了国家的未来，和峤决定冒险一试。一次，他趁侍奉武帝的机会，委婉地说道："皇太子为人忠厚老实，这本来是好事。然而，如今的人们大多虚伪，善于欺骗，恐怕皇太子日后无法承担起治理国家的重任。"这番话触动了武帝的痛处，一时无言以对。

武帝并没有因此而改变自己的想法。过了些时日，武帝面带喜色地对和峤说道："太子最近好像进步很大，你们可以一起去看看。"当时还有两位大臣，他们三个只得奉命前往。

与太子交谈之后，武帝询问他们太子的进步情况。其他两位大臣在武帝面前异口同声地称赞太子气度恢宏、见识卓越。和峤却如实禀告道："臣认为太子的气质与以前一样，并没有什么改变。"武帝听后脸色顿时沉了下来，拂袖而去。

和峤为武帝所亲重，语峤曰："东宫顷似更成进①，卿试往看。"
还，问："何如？"答云："皇太子圣质②如初。"

《世说新语·方正5-9》

[注释]
①成进：成熟长进。　②圣质：指太子的资质。

和峤回到家中，感慨不已。他知道自己的直言不讳冒犯了武帝，但并不后悔。他坚定地认为应当劝说武帝另立太子。此后，每当和峤陪伴在武帝身边，谈到国家大事时，他总是为太子的事担忧。武帝了解和峤的一片忠心，并不责怪他，所以每当和峤提到太子的问题时，武帝总是竭力回避，把话题扯开去。

　　和峤是一位学识渊博、忠诚正直、品德高尚的人。他始终坚持说实话、讲实情，但并不鲁莽。从他与晋武帝的对话中，我们可以看出和峤说话的艺术。他并未直接评价太子的资质如何，仅表示太子的资质与以前一样。这种表达方式高明之处在于，既未对太子的资质做出评判，又让武帝明白了自己的意思。对于太子的资质，武帝心中自然有数，和峤的这番话既起到了提醒的作用，又避免了直接冲突和留下把柄。

　　在日常生活中，我们在表达自己的主张和观点时，也可以通过迂回、间接的方式来委婉而坚定地表达，这样既能达到目的，又能避免不必要的冲突。

不是所有人都可以被原谅

本期主人公

姓　　名 向雄，字茂伯

所处时代 三国→西晋

生 卒 年 不详

主要成就 忠贞之士

　　向雄为人正直，从不为环境所迫而屈服。当初，他在河内担任主簿，为太守王经效劳。王经去世后，竟然没有一个人前来吊唁（yàn），只有向雄一个人在人来人往的街道上痛哭流涕，全城的老百姓都被他的真情所打动。

　　不久，刘淮来接替王经担任太守，向雄继续担任主簿。刘淮知道向雄曾在街市大哭王经的事，觉得他心系前主，肯定不会对自己忠心，所以就不大喜欢他，经常找他的茬儿。一次，官署中有一件公事出了问题，刘淮找上向雄，对他进行了一番杖刑惩罚。

　　后来吴奋代替刘淮任太守，还是因为同样的原因，吴奋也找了一个小小的借口把向雄关进了监狱。向雄一肚子的委屈无处申诉，可是也无能为力。**司隶**钟会听说了这件事，他了解向雄德行兼备，便赶紧想办法将他从监狱中救出，并引荐他到京城做事。

> **司隶**
>
> 中国古代的一个官名，起源于西汉时期。汉武帝征和四年（公元前89年）设立了司隶校尉，负责监督京师（中央）和周边地方，具有监察职能。

后来，钟会因谋逆罪被杀，死后无人敢收殓下葬。向雄听说此事，准备去给钟会收尸。家人纷纷拦住他，劝道："谋逆大罪，所有人避而远之，你为什么还要硬凑上去呢？弄不好，会惹祸上身的呀，你一定要三思而行啊。"

向雄没有听从家人的劝告，毅然决然地收拾行囊，千里迢迢赶到钟会被处死的地方，小心翼翼地为他收了尸，并把他的尸首运回了他的老家，尽心安葬。

文帝司马昭听说了此事，立即召见向雄，大声责备他说："以前王经死了，你在大街上为他哭丧，搅乱街市秩序，我就不追究了。现在钟会犯了谋逆之罪，你又去收殓安葬他，我如果再宽容你，将把王法放在哪里？"

向雄听完，回答道："从前先王掩埋受刑人的尸体，他用仁德润泽朽骨，被人传颂。先王当时难道都是先占卜过哪些人是好人，哪些人是坏人，然后才埋葬那些尸骨吗？现在刑法已经施行，钟会也已经按照法令受到了惩罚。我被道义感化而去收葬他，这样做是没错的。如果您将他的枯骨遗弃在荒野，可能会被人诟病，将来被仁人贤士惋惜，这岂不是太令人遗憾了吗？"

文帝听了他的话，觉得很有道理，就没再追究。

后来，向雄一再受到重用，官位越来越高，升至**黄门侍郎**。他以前的上司刘淮担任**侍中**，成为向雄的下属。尽管两人有上下级的从属关系，但由于过去的恩怨，两人互相不说话。晋武帝司马炎听说了他们之间的恩怨后，下令让向雄主动修复关系，以便更好地推进工作。

向雄迫不得已，心不甘情不愿地来到刘淮家里，生硬地对刘淮说："我是因为皇命不可违才来的，不过我们之间早已恩断义绝，不可能再有什么关系了。"说完便离去。

武帝知道这个结果后大怒，责问向雄："我让你和刘淮恢复友好关系，你为什么去故意绝交？"

向雄回答说："古代的君子，举荐人时合乎礼义，贬退人时也合乎礼义；现在的君子，举荐人时像要把他放在膝上似的疼爱，贬退人时像要把他推落深渊似的仇视。刘淮过去那样对我，我不打击报复，就已是很客气的

黄门侍郎
皇帝身边的侍从，传达诏命的官。

侍中
皇帝身边侍从，出入皇宫的亲信之官。

了，怎么可能再去恢复旧好呢？"

武帝听了向雄的话非常无奈，但也只得作罢，随他们去了。

> 向雄为河内主簿，有公事不及雄，而太守刘淮横怒，遂与杖遣之。雄后为黄门郎，刘为侍中，初不交言。武帝闻之，敕①雄复君臣之好。雄不得已，诣刘，再拜曰："向受诏而来，而君臣②之义绝，何如？"于是即去。武帝闻尚不和，乃怒问雄曰："我令卿复君臣之好，何以犹绝？"雄曰："古之君子，进人以礼，退人以礼；今之君子，进人若将加诸膝，退人若将坠诸渊。臣于刘河内，不为戎首③，亦已幸甚，安复为君臣之好？"武帝从之。
>
> 《世说新语·方正 5—16》
>
> [注释]
>
> ①敕（chì）：皇帝的命令。　②君臣：指上下级、长官与属吏之间的关系。　③戎首：指挑起争端的人。

点评与思考

　　有人问孔子："用恩德来报答怨恨怎么样？"孔子听后并没有直接做出回答，而是反问："如果用恩德来报答怨恨，又该用什么来报答恩德呢？"因此孔子主张'以直报怨'，即以率直、公正、坦然的态度和理性的精神对待仇怨，既不为感情所左右，也不存有私心与成见。向雄的行为就很好地践行了这一理论，因为不是所有人都值得被原谅。

陆凯虎口拔须

本期主人公

姓　名	陆凯，字敬风
所处时代	三国
生卒年	公元 198 年—公元 269 年
主要成就	讨平山越，屡谏孙皓

陆凯年轻时喜欢读书，他当过县长，后来又投身军旅，成为一名将军。他带兵打仗非常厉害，为东吴立下了赫赫战功，所以在孙皓（吴大帝孙权之孙）当政时，他已经凭借自己的功绩升到了左丞相的位置。

孙皓即位之初，施行明政。可到了后期，不仅沉溺酒色，还暴虐无度，专于杀戮。他有个奇怪的癖好，就是不喜欢大臣们在朝堂上与他对视。于是他就下令：上朝的时候，大家必须低着头。这时候陆凯站出来劝孙皓说："君臣之间，应该坦诚相见。如果大家都低着头，万一有什么紧急情况，都不知道该怎么办。"孙皓一听，觉得有道理，就特许陆凯上朝时可以抬头看他。

后来，孙皓想迁都武昌，这可是个大工程，得花很多钱，周边的百姓几乎都被压榨得活不下去了。陆凯一看这情形，又站出来说话了。他劝谏孙皓应该关心百姓，不能只顾自己享乐。其他大臣听了都捏了把汗，因为上一个敢这么劝孙皓的人，坟头草都已经长得很高了。可结果孙皓还真听了他的话，决定不迁都了，继续留在建业。

那陆凯究竟是谁呢？连这样一个**草菅（jiān）人命**的暴君都不敢动他。

原来，陆凯的叔叔是三国里大名鼎鼎的陆逊。在东汉时期，陆氏家族就是显赫的高官家族。陆逊娶了孙策的女儿，他的子侄们又与很多豪门贵族甚至是皇族孙氏联姻。这些大家族织就了一张庞大的政治关系网，陆氏家族就是江东地区最顶尖的士族豪门之一。所以，孙皓才不敢轻易处罚陆凯。

草菅人命

> 原义是杀人如同除草，任意害人性命。比喻轻视人命，滥杀无辜。

有一次，孙皓问丞相陆凯："你们家族在朝中做官的有几个人呢？"陆凯回答说："有两个丞相、五个侯爵、十几个将军。"孙皓听了，不禁感叹道："真兴旺啊！"

没想到陆凯却摇了摇头，说："君主圣贤，臣子忠义，这是国家的兴旺；父母慈爱，子女孝顺，这是家庭的兴旺。如今政治荒废，民生凋敝，生怕国家朝夕覆灭，哪里还敢说什么兴旺啊！"

士族豪门

孙皓问丞相陆凯曰："卿一宗在朝有几人？"陆曰："二相、五侯、将军十余人。"皓曰："盛哉！"陆曰："君贤臣忠，国之盛也；父慈子孝，家之盛也。今政荒民弊，覆亡是惧，臣何敢言盛！"

《世说新语·规箴 10-5》

　　陆凯是一位真正的东吴忠臣，但他生性耿直，说话直来直去，在职期间多次直言劝谏，让孙皓对他多有不满。虽然孙皓不喜欢陆凯不给他面子，让自己下不了台，但是在陆凯临终前，孙皓还是派人去问他有什么遗言。因为孙皓知道陆凯一心为国，留下的都是对自己的嘱咐，谁可以用、谁不能用。陆凯一直到死都在担心东吴的前程，其心可鉴啊！

国学大讲堂

古代年龄的称谓

初度——原指小儿初生之时，后称生日为初度。

赤子、襁褓——未满周岁的婴儿。

牙牙——婴儿学语时期，指一岁左右。

孩提——指两三岁的幼儿。

童龀（chèn）——通常指人的儿童时期。"龀"指孩子乳牙脱落，长出恒牙。

始龀、髫（tiáo）年——女孩七岁。

始龀、龆（tiáo）年——男孩八岁。

总角——指八九岁至十三四岁的少年。古代儿童将垂发扎成两个发髻，形状似羊角，（"总"为聚拢的意思）故称"总角"。

幼学——《礼记·曲礼上》："人生十年曰幼学。"后来，"幼学之年"便代指十岁。

豆蔻年华——指女子十三四岁，豆蔻是一种初夏开花的植物，初夏还不是盛夏，比喻人还未成年，故以豆蔻年华来指代女子十三四岁。

及笄（jī）——指女子成年。笄，指古代束发用的簪（zān）子，古代女子一般到十五岁后，就将头发用簪子绾住，表示已经成年。

束发——指男子成童之年，要把之前的总角解散扎成一束，通常指十五至二十岁。

二八——指两个八岁相加为十六岁。

弱冠——古代男子二十岁行加冠礼，表示已经成年。但体型尤未壮，故称"弱冠"。

而立——指男子三十岁。

不惑——指男子四十岁。

知命——指男子五十岁。

耳顺——指男子六十岁。

花甲——天干地支纪年法，从甲子开始，六十年为一周。通常叫作"六十花甲子"，因此六十岁称作"花甲"。

从心之年——指男子七十岁。

古稀——古人很少有人活到七十岁。杜甫有诗曰："酒债寻常行处有，人生七十古来稀。"后人就称七十岁为"古稀之年"。

喜寿——草书的囍字似七十七，故"喜寿"代指七十七岁。

耄耋（mào dié）——《尔雅·释言》注："八十为耋。"耄耋泛指晚年，常代表八九十岁的老人。

米寿——米字拆开为八十八，故代指八十八岁，还可表示年事虽高但仍食欲旺盛。

上寿——指九十岁。

白寿——九十九岁比百岁差一岁，百字去掉一为白，故称"白寿"。

期颐——是一百岁的特称。《礼记·曲礼上》："百年曰期颐。"郑玄注："期，犹要也；颐，养也。不知衣服食味，孝子要尽养道而已。"意思是：人到一百岁，吃饭穿衣都要孝子来照顾。故称一百岁为"期颐之年"。

牙牙　　　　　总角　　　　　及笄　　　　　弱冠　　　　　耄耋

从和峤与晋武帝的对话中，我们可以总结出怎样的劝说技巧呢？

_____

_____

参考答案

1. 隐晦暗示：和峤在表述中使用了不少隐晦的暗示，让听者能够意会到他的真实意图，但又不会过于直接，留有一定的思考空间。

2. 客观公正：在评价太子的资质时，和峤力求客观公正，不偏不倚。他既提到了太子的不足，也肯定了其优点，使得评价更为全面和客观。

3. 婉转表达：和峤在评价太子资质时，并没有直接使用过于尖锐或负面的词汇，而是采用了更为委婉的表达方式。这样既表达了自己的观点，又避免了可能引起的冲突或尴尬。

4. 对比手法：他通过对比太子的资质与其他王子或朝中重臣的资质，突显太子在某些方面的不足。这种对比手法既直观又具有说服力，使得自己的观点更加鲜明。

综上所述，和峤在对太子资质进行评判时运用了丰富多样的语言技巧。这些技巧使得他的评价既客观又深入人心，达到了良好的沟通效果。

第五章

能藏能敛

导读

　　"能藏能敛"，指的是在面对喜怒哀乐时，能够自如地控制自己的情绪，不轻易表露出来。这种情感表达方式在中国文化中有着深厚的历史渊源。

　　魏晋时代的名士大多是潇洒不羁（jī）的性情中人，他们在言谈举止和诗词歌赋中流露出丰富的情感，同样也擅长把握和控制自己的情感，有情而不露情。他们认为，能藏能敛是一种高雅的品质，也是一种个人修养的体现。

　　情感内敛的好处在于，它能使人在关键时刻保持冷静和理智，避免因一时冲动而做出错误的决定。它不仅有助于更好地应对各种情况，也有助于维护和谐的人际关系。

　　然而，情感内敛并不意味着要压抑或忽视自己的情感。相反，它是一种在情感和理智之间寻求平衡的能力。在适当的时机，人们应当勇敢地表达自己的情感，与他人分享内心的感受。

喜怒不形于色.

顾雍丧子不流泪

本期主人公

姓　　名	顾雍（yōng），字元叹
别　　称	顾公
所处时代	汉末三国
生 卒 年	公元 168 年—公元 243 年
主要成就	讨平寇贼、安定郡县、匡正辅佐王室

　　顾雍出身江东吴郡四大姓之一吴郡顾氏。他的曾祖父顾奉，是东汉颍川郡太守。顾雍小时候师从名士蔡邕（yōng），跟随他学习弹琴和书法。由于他才思敏捷，又潜心治学，所以技艺和学业都日益精进，深得蔡邕的喜爱。

　　建安五年（公元 200 年），孙权被朝廷任命为讨虏将军，领会稽郡太守。但他并未赴任，而是让顾雍为会稽郡丞，代理会稽郡太守之职。顾雍受命于危难之际，成功平定了寇贼，会稽郡恢复了宁静。当地百姓对他感激不已。

　　几年后，顾雍进入孙权的幕府，担任左司马一职。孙权非常器重他，甚至将孙策的女儿许配给他的儿子顾劭（shào）。

　　建安十五年，顾劭顺利地成为豫章太守。他以父亲为榜样，始终将老百姓放在首位。到达豫章后，他制定了许多有益的政策。这些政策极大地改善了豫章的社会风气，使得该地区逐渐好转。由于他的出色表现，老百

姓对顾劭及其父亲赞不绝口。

　　建安十九年（公元214年），一天，顾雍邀请手下们到家中吃饭。饭后，他留属下们下几盘棋。正当众人专心致志于棋局时，有仆人进来通报："大人，我们收到一封来自豫章郡的书信。按照惯例，这应该是公子寄回来的，但奇怪的是信上并没有公子的署名。"

　　顾雍听完仆人的话后，脸上没有任何惊慌的表情，只是淡淡地说："我知道了，你先下去吧。"然后他继续和客人下棋。虽然顾雍表面上很平静，但实际上，他的内心已经预感到发生了什么不好的事情。没有署名的郡府来信，通常意味着有严重的事情发生。他最爱的儿子可能出事了，这让他心痛欲绝。

　　然而，当着客人的面，他极力控制着自己的情绪。他用指甲掐住自己的手掌，甚至掐出了血，血顺着指缝儿滴下来，把座褥都染红了一大片。虽然内心已经波涛汹涌，但他脸上却始终没有流露出任何异常的情绪。外人完全没有察觉到有什么不对劲。

大人，信上没有公子的署名。

一直等到宾客都离开，顾雍才终于显露出哀伤的神色。仆人们都以为他会痛哭流涕，哪知道他只是叹息道："我已经没有延陵季子那么高尚旷达了，难道还要为儿子之死哭瞎眼睛，然后被人指责吗？"说完后，顾雍收拾起悲伤的情绪，又恢复了平静的神态。

豫章太守顾劭，是雍之子。劭在郡卒，雍盛集僚属，自围棋。外启信至，而无儿书，虽神气不变，而心了①其故，以爪掐掌，血流沾褥。宾客既散，方叹曰："己无延陵之高，岂可有丧明之责！"于是豁②情散哀，颜色自若。

《世说新语·雅量6-1》

[注释]
①了：明白。　②豁：消散，消除。

　　从这则故事中我们可以看到，顾雍对自己的行为和情绪有很高的要求。一方面，他意识到自己身居要职，一举一动都难逃下属之眼，所以更要以身作则，不将私人情绪带入工作中。另一方面，他吸取了前人的教训，意识到如果过度沉浸在儿子之死的悲伤中可能会让自己失去理智，于是努力克制自己的情绪，驱散悲哀，极力让情绪恢复了平静。

　　人生不如意十之八九，当你遭遇了一些让自己痛苦的事情时，你可以选择成为像顾雍一般喜怒不形于色的人，锻炼自己成为真正处事不惊的强者。但同时，你也可以选择成为一个开心时想笑就笑，难过时想哭就哭，积极接纳自己各种情绪并适当调节的人。但是你知道吗？能够接纳自己，喜欢自己，完善自己的人，本身就是生活的强者呀！

你吃饭了没？

孙权对顾雍特别尊敬，也很信任。每当遇到为难的事情时，孙权就会派中书郎到顾雍家里去请教他。顾雍这个人也挺有意思，如果他对孙权的想法表示赞同，就会请孙权的秘书一起吃饭，边吃边聊，把问题研究个透彻。吃完饭，顾雍还会送秘书离开。但要是顾雍不同意孙权的想法，那他可就"冷漠"了——不仅不会留客吃饭，而且也不多说一句话，直接让人回去，让孙权自己琢磨哪里需要改进。

这样几次下来，孙权就摸清了顾雍的规律。所以后来，孙权派中书郎去问顾雍意见的时候，他都不问"顾公怎么说"，而是直接问"你吃饭了没"。

你吃饭了没有？

东床快婿王羲之

本期主人公

姓　　名	王羲之，字逸少
别　　称	王右军、王会稽、王逸少
所处时代	东晋
生 卒 年	公元 303 年—公元 361 年
主要成就	著名书法家，后人誉之为"书圣"

　　太尉郗（chī）鉴家里有个独女，正值二八妙龄，长得漂亮，又聪明伶俐，待字闺中。郗鉴想给女儿找个好人家，看上了宰相王导家，想让两家结为亲（qìng）家。王导听了也很乐意，但府中有很多年轻才俊，选谁好呢？想来想去，决定让郗鉴自己来挑。

　　听说当朝太尉郗鉴要来王府挑选女婿，王家的公子们可激动坏了，都想着自己能被选上。毕竟，要是能攀上郗鉴这样的高官当岳父，那以后的前途可就一片光明了！这机会可不是常有的，大家都使出浑身解数，希望能入郗鉴的眼。

　　终于到了郗鉴挑选女婿这一天，王家的公子们个个穿上了华丽的衣服，准备展示自己最好的一面，希望自己能被选中。

　　王羲之也在被挑选的名单里，但他和其他公子不太一样。其他人都穿得整整齐齐，刻意打扮和表现自己，而王羲之却毫不在乎。

　　太尉派的门生如约来到了王府，他认认真真地挨个看了王家的每位公子，心里面仔仔细细记下了各位公子的仪态和表现。这时候，他突然发现有一位公子在东面的床上躺着。

他既没有穿着正式华丽的服饰，也没有像其他人一样刻意规范自己的行为，而是穿着平时的衣服，袒胸露腹，悠然自得地躺在床上，正睡大觉呢！

这位公子怎么还睡着了？

门生回到太尉府后，把他在王府看到的情况都告诉了郗鉴："王家的各位公子都值得称赞，他们听说找女婿，各自都显得很拘谨。只有一位公子，在床榻上袒胸裸腹地躺着睡大觉，好像什么都没听到。"郗鉴一边听，一边捋着胡子，笑着点点头，连说："不错，不错。恰恰是这一位好。"郗鉴决定把女儿嫁给那个在东床上睡大觉的年轻人。他派人去打听，原来那个年轻人就是早就以学识出名的王羲之，这可让郗鉴更加高兴了，于是把女儿嫁给了他。

郗太傅在京口，遣门生①与王丞相书，求女婿。丞相语郗信②："君往东厢，任意选之。"门生归，白郗曰："王家诸郎，亦皆可嘉，闻来觅婿，咸自矜持。唯有一郎，在床上坦腹卧，如不闻。"郗公云："正此好！"访之，乃是逸少，因嫁女与焉。

《世说新语·雅量6-19》

[注释]

①门生：依附于世家豪族供差遣的人。　②信：使者，即上文送信的门生。

点评与思考

在魏晋时期，出身门第是非常重要的，而且高门望族之间的姻亲关系也很复杂，主要是为了巩固家族的地位。但为什么郗鉴会看上"行为粗鲁"的王羲之呢？

其实，一个人如果太注重外表，往往是内心不够自信。但在重大场合，如果能表现得从容不迫、不卑不亢、无欲无求，而且不改平时的作风，那反而会给人留下自信、豁达、洒脱的印象。这说明这个人有实力，而且不怯场。

郗鉴看重的，大概就是王羲之身上的随性和真实。而且，王羲之的这种举动也展现了魏晋名士们的风度——洒脱、随性、不做作，这正是郗鉴所欣赏的！

"弄潮儿"谢太傅

本期主人公

姓　　名	谢安，字安石
别　　称	谢太傅、谢文靖、谢东山
所处时代	东晋
生 卒 年	公元 320 年—公元 385 年
主要成就	淝水之战东晋总指挥

　　东晋名士谢安是个多才多艺的人，他善行书，通音乐，而且性情温和，处事公道不徇私，不居功自傲，有宰相气度，是当时东晋政坛的**中流砥柱**。他治理国家的方法也很特别，把儒家和道家的思想结合起来，既注重道德教育，又关心民生。作为高门士族的一员，他能够从大局出发，为国家和百姓着想。所以后世都叫他"江左风流宰相"，真的很了不起！

中流砥柱

原本指的是黄河中的砥柱山（位于今天的河南三门峡），因其形状如柱而得名。在成语中，它象征着在困难时刻能够稳定大局、提供支持的人物或集体。

　　谢安曾经隐居于会稽（今浙江绍兴）东山。一次，他和支道林和尚、文学家孙绰、书法家王羲之、玄学家许询等人一起乘船出海游玩。一开始，海面很平静，他们悠闲地坐于舟中，或品诗论文，或谈玄论道，或放声高歌，看起来特别潇洒。但是，没过多久，海上开始刮起大风，小船在海面上颠簸不已。船上的人吓得脸色都变了，惊慌失措地高呼："赶紧掉头回岸

上去，要不然船翻了就没命了！"可是，有一个人面对着汹涌的海浪，一点儿也不害怕，他神情自若，甚至还精神振奋了，开始吟诵诗歌、仰天长啸，好不自在，这个人就是谢安。

　　船夫看到谢安如此淡定，心里一下子就踏实了，于是继续摇船向前。其他人看到谢安这么冷静，也都不再慌张了。

　　可是，过了一会儿，风越刮越大，浪也越来越猛。大家又开始紧张起来，又开始叫嚷着回去。谢安也意识到了危险，他当然不会真的不管大家的死活。但他并没有像其他人一样慌乱，而是非常冷静地说："既然这样，不如回去吧！"听到他说可以回去了，大家这才松了一口气，船夫赶紧掉转船头往回走。

谢太傅盘桓东山时，与孙兴公诸人泛海戏。风起浪涌，孙、王诸人色并遽①，便唱②使还。太傅神情方王，吟啸不言。舟人以公貌闲意说③，犹去不止。既风转急，浪猛，诸人皆喧动不坐。公徐云："如此，将无④归！"众人即承响而回。于是审⑤其量，足以镇安朝野。

《世说新语·雅量6-28》

[注释]

①遽（jù）：惊惧。　②唱：高呼。　③说：通"悦"，愉快。

④将无：大概，恐怕。　⑤审：知悉。

宁康元年（公元373年），盘踞一方的桓温入京朝见新即位的孝武帝司马曜。建康城里人心惶惶，都在传言桓温此行要杀掉王坦之和谢安，后面好夺得晋室天下。王坦之听闻后惊慌失措，但谢安却镇定自若，他冷静地说："晋室的存亡，就取决于此行。"

桓温抵达京师后，百官纷纷前来叩拜。桓温设宴款待百官，并且部署重兵守卫在旁。在场的人，特别是那些稍有地位的官员都非常害怕，就怕稍不注意被桓温杀了。王坦之紧张得汗流浃

小贴士

王坦之：王坦之出身太原王氏，年轻时与郗超齐名。投靠会稽王司马昱，联合谢安等人抗衡大司马桓温。

背，连手版都拿倒了。但谢安却从容不迫地就座，转头对桓温说："我听说诸侯有道，守卫在四邻，贤明的人哪里用得着在墙壁后面安置人呀！"桓温听后大笑，命令左右的人撤走守卫，然后与谢安愉快地聊了很久。

由于谢安的机智和镇定，桓温始终没有对他二人下手。不久后，桓温就返回老家去了。

桓公伏甲设馔^①，广延^②朝士，因此欲诛谢安、王坦之。王甚遽，问谢曰："当作何计？"谢神意不变，谓文度曰："晋祚^③存亡，在此一行。"相与俱前。王之恐状，转见于色。谢之宽容，愈表于貌。望阶趋席，方作洛生咏，讽"浩浩洪流"。桓惮其旷远，乃趣解兵。王、谢旧齐名，于此始判优劣。

《世说新语·雅量6-29》

[注释]

①设馔（zhuàn）：备好酒食。馔，饮食。　②延：邀请。

③祚（zuò）：指皇位，国运。

　　谢安不仅在面对危险时能够保持冷静，在面对巨大的荣誉时也能心如止水。有一天，谢安与客人正在下围棋。这时，一个仆人进来通报说："大人，淮河战场上的信使送来了信件。"谢安接过信，快速浏览了一遍，然后平静地收起信，继续下棋，没有说一句话。客人有些沉不住气，急迫地询问道："前线来信怎么说，战场上的胜败情况如何？"谢安平静地回答说："孩子们大破贼军。"说话时的神态举动，与平常时候没有什么不同。

谢公与人围棋，俄而①谢玄淮上信至。看书竟，默然无言，徐向局。客问淮上利害②，答曰："小儿辈③大破贼。"意色举止，不异于常。

《世说新语·雅量6-35》

[注释]

①俄而：不久。　②利害：指胜负。　③小儿辈：指子侄。

　　谢太傅面对捷报却面不改色的沉稳，成为流传千古的佳话。然而，这个故事还有后续。当谢安陪客人下完棋后，他终于抑制不住心头的喜悦，手舞足蹈地跑进内室，结果把木屐底上的屐齿都碰断了。想象一下，一直以沉稳示人的谢太傅手舞足蹈的样子还是很可爱的。淝水之战的胜利，使谢安的声望达到了顶点，他如此兴奋，是可以理解的。

点评与思考

　　在《世说新语》中，谢安的故事占据了相当大的篇幅，远超过其他名士。千百年来，他一直是中国士人敬仰的楷模。作为东晋第一名士，谢安对后世产生了深远的影响。无论面对何种情况，谢安都能保持冷静和智慧。正是由于这种品质，他在危机面前能够保持镇定，准确判断形势，并采取适当的策略维护国家利益。最终，在淝水之战中，他成功指挥东晋军队以少胜多，取得了重大胜利。

你知道吗？

东山再起

"东山再起"这个典故的主人公正是谢安。谢安年轻时才华横溢，学识渊博，擅长书法，与王羲之等名士交好。

尽管谢安曾在年轻时短暂担任过佐著作郎等官职，但他对官场的繁文缛（rù）节并不感兴趣。于是，他选择了辞官归隐，与王羲之等人在东山隐居，游山玩水、吟诗作赋，过着悠闲自在的生活。

然而，造化弄人。谢安的弟弟谢万在北伐前燕时兵败被废为庶人，谢家在朝廷的权势受到了严重的打击，家族陷入了危难之中。面对家族的困境，谢安挺身而出，重新出山，以挽回家族的声望和地位。此时，他已经四十多岁了。

谢安重新出山后，先是担任了征西大将军桓温的司马，后历任吴兴太守、侍中、吏部尚书、中护军等职务，逐渐在朝廷中站稳了脚跟。

谢安的"东山再起"不仅是他个人生涯的转折点，更成为后世广为流传的励志典故。他的事迹激励着一代又一代人，在面对困境时勇敢前行，追求自己的梦想。

遇火不慌的王子敬

本期主人公

姓　　名	王献之，字子敬
别　　称	官奴、大令、小圣
所处时代	东晋
生卒年	公元 344 年—公元 386 年
主要成就	著名的书法家和文学家

王献之是"书圣"王羲之的第七个儿子，也是晋简文帝司马昱的女婿。他性格潇洒不羁，年纪轻轻就名声在外，才华和气度都超过了当时很多人。

有一次，王献之和哥哥王徽之、王操之一起去拜访当时的名士谢安。谢安跟他们兄弟三个聊了很久，王徽之和王操之特别想在谢安面前表现自己，所以一直说个不停，但大多是些琐碎的事情。而王献之则和他们不同，他看起来兴致不高，只是寒暄了几句，然后就安静地坐在那里听他们聊天，没再多说什么。聊了很久之后，他们也不好意思继续打扰谢安，就礼貌地告辞离开了。

他们走后，其他在座的客人问谢安："您觉得这三兄弟谁更优秀一些？"谢安想了一下，说："我觉得最小的那个更出色。"客人很惊讶："可是他几乎没怎么说话啊，您是怎么看出他更优秀的呢？"谢安回答说："大凡杰出者言辞少而精，浮躁之人言辞多而杂。由此推定而知。"

王黄门兄弟三人俱诣谢公，子猷（yóu）、子重多说俗事，子敬寒温①而已。既出，坐客问谢公："向三贤孰愈②？"谢公曰："小者最胜。"客曰："何以知之？"谢公曰："吉人之辞寡，躁人之辞多。推此知之。"

《世说新语·品藻9-74》

[注释]

①寒温：寒暄，说客气话。　②向：刚才。孰：谁，哪一个。愈：优，强。

　　有一次，王徽之和王献之一起坐在房间里看书。他们正专心致志地阅读时，闻到了一股烧焦的味道。王徽之问："子敬，你有没有闻到什么奇怪的味道？"王献之回答说："嗯，我也闻到了，好像是什么东西烧焦了。"

两人四处张望，发现是房上起火了。王徽之看到火光后，立刻跳了起来，慌乱地逃命，连鞋子都来不及穿。而王献之看到火光后，却非常镇定，他放下书，神色平静，慢慢地往外走，跟平时没什么两样。当时的人就用这件事来评定二王神情气度的优劣高下。

王子猷、子敬曾俱坐一室，上忽发火。子猷遽走避，不惶取屐①；子敬神色恬然，徐唤左右扶凭而出，不异平常。世以此定二王神宇②。

《世说新语·雅量6-36》

[注释]

①不惶："惶"通"遑"，来不及。屐：木头鞋。　②神宇：神情气宇。

着火啦！

在那个时代，名士被要求具备遇事沉稳、宽容平和、情感内敛等品质，这成为魏晋时期士人心中的理想人格。

面对突发情况，王献之能够保持镇定，不慌不忙地应对，这种品质是非常难得的。而王徽之则表现出慌乱和急躁的神色，他的反应也提醒我们在遇到紧急情况时，要保持冷静和镇定，不要惊慌失措。

你知道吗？

管中窥豹

王献之小时候，见门客玩樗蒲（chū pú，一种棋类游戏），他预测道："南风不竞。"意指南边将输。门客们因他年幼而轻视他，便嘲讽说："这位小郎君也只是管中窥豹，只见一斑。"王献之听后愤怒地回应："你们看不上我是小孩，我还不愿与你们为伍呢。"成语"管中窥豹"便源于此，用以比喻见识短浅，不能全面了解事物的全貌。

王子敬数岁时，尝看诸门生樗蒲，见有胜负，因曰："南风不竞。"门生辈轻其小儿，乃曰："此郎亦管中窥豹，时见一斑。"子敬瞋目曰："远惭荀奉倩，近愧刘真长。"遂拂衣而去。

《世说新语·方正 5-59》

书法界"二王"

　　"二王"指的是东晋时期书法界杰出的父子王羲之和王献之。他们的书法艺术成就卓越，深受后人推崇，因此被合称为书法界的"二王"。

王羲之

　　王羲之，东晋琅琊临沂（今山东临沂）人，字逸少。他是王导的侄子，郗鉴的女婿。他最初担任秘书郎，后来升任右军将军和会稽内史，因此被人们尊称为"王右军"。然而，他与王述的关系一直不好，最终选择辞官，定居在会稽山阴。

　　王羲之是一位杰出的书法家。起初，他跟随卫夫人学习书法，后来又广泛吸取各家所长，深入研究各种书体的特点。在草书方面，他效法张芝；而在正书方面，则学习钟繇（yáo）。

　　王羲之的书法一改汉魏的质朴风格，创造了新的字体，自成一派。他的书法与钟繇齐名，被誉为"钟王"，而他也被后世尊称为"书圣"。

王献之

　　王献之，东晋琅琊临沂人，字子敬。他是王羲之的儿子，他的女儿后来成为安帝皇后。他年少时便享有盛名，最初担任州主簿，后升任吴兴太守，深受谢安的钦佩和喜爱，谢安还请他担任长史。他官至中书令，当时被称为"王大令"。

　　王献之擅长草书和隶书，同时也精通绘画。他从小学习父亲的书法，后来又师从张芝，但在后来他改变了古拙的书风，自创了一种新的字体，与父亲齐名，并称为"二王"。

　　王献之的行书墨迹《鸭头丸帖》等作品至今仍被保存并广为传颂。

入木三分

入木三分，出自唐·张怀瓘《书断·王羲之》。

王羲之曾为朝廷撰写过祭神的祝版，上面写着祈求国泰民安、五谷丰登的词句。晋成帝即位后，命工匠更换祝版上的题词。然而，工匠们费了半天劲，都无法刮去王羲之的原有字迹。他们仔细察看祝版，不禁惊叹不已。原来，王羲之写的每个字都深入木头三分多，好像刀刻一般，根本无法轻易刮掉。工匠们赞叹道："右军将军的字，真是入木三分啊！"

"入木三分"这个成语后用来形容书法笔锋刚劲有力，也比喻对文章或事物见解深刻、透彻。这则故事揭示了一个人成功的秘诀：天赋固然重要，但后天的努力更加关键。王羲之不仅天赋出众，而且刻苦练习，留下了"临池学书，池水尽黑"的美谈。正是天赋和努力并重，才铸就了"入木三分"的辉煌成就。

你知道如何通过侧面描写表现人物性格特点吗?

我们在作文中刻画一个人物时,除了对他本人进行外貌、语言、动作、神态、心理的细致刻画外,还可以通过其他人的表现进行侧面描写。

侧面描写可以分为三种类型:

1.通过他人的口述对主人公进行评价,他人的评价给读者创造了广阔的想象空间,让读者在自由的想象中完成对主人公的审美塑造。如"世以此定二王神宇"是通过大众的评价表现出王子敬的更胜一筹。

2.通过陪衬人物的目光、行动、神态、反应等对主人公进行侧面烘托。如同样是行船海上,遇到风浪,其他人大惊失色,谢安心平气和。如看到火起,"子猷遽走避,不惶取屐;子敬神色恬然,徐唤左右扶凭而出,不异平常。"从而突显了王子敬临危不乱的性格特点。

3.通过对环境的渲染,烘托主人公的性格特征。环境分为自然环境和社会环境,如写海面风云突起,小船颠簸,在这样一个危险时刻,谢安却似闲庭信步,吟啸兴致不减,更能突出谢安处变不惊、冷静从容的特点。

同学们在写作文时,如果能灵活运用以上几个方法,定能让作文增色不少。